GUIDE

DES EMPRUNTEURS

AU CRÉDIT FONCIER

contenant :

1° Plusieurs Décrets, Notes, etc....., sur le Crédit foncier et une Formule de demande d'emprunt, avec indication des pièces à fournir à l'appui ;

2° Des Tables d'annuités, d'intérêts composés, d'amortissements, d'intérêts simples et d'escomptes, à divers taux d'intérêts : avec lesquelles chacun peut résoudre aisément toutes les questions relatives au Crédit foncier ;

ouvrage utile

Aux Propriétaires, Emprunteurs, Notaires, Avoués, Juges de Paix, Greffiers, Huissiers, Agents d'affaires, Géomètres, Instituteurs, Secrétaires de Mairie, et à toutes les personnes qui par leur position sont appelées à donner des renseignements sur les opérations de Crédit foncier ; telles que MM. les Maires, Adjoints, Curés, etc.

Par V. CASSE,

Ex - Géomètre - Arpenteur.

PRIX : 1 FRANC 50 CENTIMES.

A PARIS,

CHEZ MAISONNET, LIBRAIRE,

RUE DE SEINE-SAINT-GERMAIN, 68 ;

A NOYON (OISE),

CHEZ COTTU-HARLAY, IMPRIMEUR-LIBRAIRE,

rue du Nord, 6 ;

ET CHEZ TOUS LES LIBRAIRES,

1853.

V

GUIDE

DES EMPRUNTEURS

AU CRÉDIT FONCIER.

Noyon. — Imprimerie de Cottu-Harlay.

GUIDE

DES EMPRUNTEURS

AU CRÉDIT FONCIER

contenant :

1° Plusieurs Décrets, Notes, etc....., sur le Crédit foncier et une Formule de demande d'emprunt, avec indication des pièces à fournir à l'appui ;

2° Des Tables d'annuités, d'intérêts composés, d'amortissements, d'intérêts simples et d'escomptes, à divers taux d'intérêts : avec lesquelles chacun peut résoudre aisément toutes les questions relatives au Crédit foncier ;

ouvrage utile

Aux Propriétaires, Emprunteurs, Notaires, Avoués, Juges de Paix, Greffiers, Huissiers Agents d'affaires, Géomètres, Instituteurs, Secrétaires de Mairie, et à toutes les personnes qui, par leur position sont appelées à donner des renseignements sur les opérations de Crédit foncier ; telles que MM. les Maires, Adjoints, Curés, etc.;

Par V. CASSE,

Ex - Géomètre - Arpenteur.

PRIX : 1 FRANC 50 CENTIMES.

A PARIS,

CHEZ MAISONNET, LIBRAIRE,

RUE DE SEINE-SAINT-GERMAIN, 68;

A NOYON (OISE),

CHEZ COTTU-HARLAY, IMPRIMEUR-LIBRAIRE,

rue du Nord, 6;

ET CHEZ TOUS LES LIBRAIRES.

1853.

DES RÉTRACTIONS

AU CRÉDIT FONCIER

contenant :

1° Plusieurs modèles, Notes, etc..., sur le crédit foncier et une formule de demande d'emprunt, avec indication des pièces à fournir à l'appui ;

2° Des Tables d'annuités, d'intérêts composés, d'escomptes, d'intérêts simples et d'escompte, à divers taux d'intérêts : avec lesquelles chacun peut résoudre aisément toutes les questions relatives au crédit foncier ;

Ouvrage utile [...]

Par V. CASSE

PARIS

CHEZ MAISONNET, LIBRAIRE,

À ROUEN (OISE),

CHEZ [...] LIBRAIRE, [...]

AVERTISSEMENT.

Procurer aux emprunteurs et aux personnes qui, par leurs positions, qualités ou professions, sont à même d'être consultées, et par conséquent de donner des avis sur les opérations de crédit foncier, le moyen de résoudre en quelques minutes toute espèce de questions sur les annuités, les intérêts composés, les amortissements, les intérêts simples et les escomptes : tel est le plan que je me suis tracé en composant le Guide des emprunteurs au crédit foncier.

En effet, la manière de calculer les règles concernant le crédit foncier est très-longue et n'est pas à la portée de tout le monde ; tandis qu'au moyen des tables contenues dans cet Ouvrage, elle se trouve tellement simplifiée qu'il suffit, dans tous les cas, de connaître seulement les premières règles fondamentales de l'arithmétique, c'est-à-dire, l'addition, la soustraction, la multiplication et la division ; encore arrive-t-il bien rarement qu'on ait à se servir de cette dernière.

J'ai divisé ce livre en 6 chapitres : le premier se compose de décrets, notes, etc..... concernant le crédit foncier ; le deuxième renferme les tables d'annuités ou montants des sommes qu'on doit payer, à divers taux d'intérêts, pour se libérer, en vingt années au moins et cinquante au plus, d'un capital emprunté ; le troisième se compose des tables d'intérêts composés, depuis 1 jusqu'à 50 ans, les intérêts étant capitalisés par semestre et par année ; le quatrième contient les tables d'amortissement ; le cinquième les tables d'intérêts simples et d'escomptes ; le sixième et dernier donne les solutions de plusieurs questions de crédit foncier.

Mon but, en publiant ce petit Ouvrage, est, non-seulement de procurer à tout emprunteur la faculté de connaître, par lui-même et en quelques minutes, sa position envers la société, ce qu'il pourra faire aussi souvent qu'il le jugera à propos (*le commerçant doit l'établir, au moins une fois chaque année, pour son inventaire*), mais encore de lui fournir le moyen d'apprécier, en comparaison des emprunts remboursables à termes souvent trop courts, les immenses avantages qu'il trouvera en empruntant aux sociétés de crédit foncier, avec lesquelles on n'est jamais tenu de rembourser le capital.

Aussi, mon plus grand désir est que ce livre puisse être utile aux emprunteurs qui se trouvent sous la dépendance des capitalistes usuriers, en les décidant à s'adresser au Crédit foncier de France, plutôt que d'attendre, ce qui arrive souvent, une expropriation forcée à l'échéance de leur dette.

Puisse ce vœu être accompli !

GUIDE

DES EMPRUNTEURS

Au Crédit Foncier.

CHAPITRE PREMIER.

Du crédit foncier. — Décret du 28 février 1852, sur les sociétés de crédit foncier. — Décret du 28 mars 1852, qui autorise la constitution d'une société de crédit foncier, pour le ressort de la Cour d'appel de Paris. — Extrait des statuts de la Banque foncière de Paris. — Formule d'une demande d'emprunt. — Convention passée entre le ministre de l'intérieur, de l'agriculture et du commerce, et la Banque foncière de Paris, société de crédit foncier. — Rapport du ministre de l'intérieur, de l'agriculture et du commerce, à S. M. l'Empereur. — Décret de S. M. l'Empereur, qui autorise la convention précitée.

Du crédit foncier.

L'institution de crédit foncier, dont la France est redevable à la haute sollicitude de Sa Majesté Napoléon III, Empereur des Français, est, sans contredit, l'un des plus puissants moyens de venir en aide à la propriété et à l'agriculture ; et le moment où le pays pourra recueillir les avantages que cette institution a pour but de lui assurer n'est pas éloigné : aussi, on peut déjà prévoir le jour où la propriété sera affranchie de la dette hypothécaire qui la grève depuis des siècles.

Toutefois, comme le crédit foncier est peu connu en France, il me paraît utile de donner quelques explications qui feront mieux apprécier les immenses avantages des décrets des 28 février et 10 décembre 1852.

Une convention (1) passée entre Son Eminence le ministre de l'intérieur, de l'agriculture et du commerce, et la Banque

____

(1) Voir ladite convention et le décret qui la sanctionne, pag. 50 et suivantes.

foncière de Paris, société de crédit foncier autorisée par le décret du 28 mars 1852, impose à cette société l'obligation d'établir dans chaque ressort de cour impériale une succursale ou direction : ces établissements auront pour objet de fournir aux propriétaires d'immeubles, qui voudront emprunter sur hypothèque, la possibilité de se libérer au moyen d'annuités à long terme.

Lesdits établissements de crédit foncier, à l'aide des priviléges qui leur sont attribués par le décret du 28 février 1852, offriront toute sécurité aux capitalistes, et il est permis d'espérer qu'ils trouveront aisément des capitaux à un intérêt de 4 1/4 pour 100.

De plus, en vertu de la convention précitée, la Banque foncière de Paris, qui prend désormais le titre de Crédit foncier de France, s'engage à prêter sur hypothèque jusqu'à concurrence de deux cents millions de francs, qui seront répartis entre tous les départements proportionnellement à leur dette hypothécaire, à raison d'une annuité de 5 pour 100, tout compris, intérêts, frais d'administration et amortissement du capital qui se trouvera éteint par le seul paiement annuel de 5 pour 100 pendant 50 ans. Après le placement de ces 200 millions, la société est tenue de prêter sur les mêmes bases, tant qu'elle ne perdra pas au delà du quart de ses frais d'administration, pour le placement de ses obligations.

Toutefois, comme les emprunts remboursables au moyen d'une annuité de 5 pour 100, tout compris, ne sont admis que pour une période de cinquante années ; et que, dans le cas de libération par anticipation, l'emprunteur aurait à payer, conformément à l'article 7 de la susdite convention, en outre du capital qui reste dû au moment de sa libération, une prime qui peut, dans certains cas, s'élever à près de 20 pour 100 : la société s'engage, en faveur des emprunteurs qui voudront se libérer dans un délai moindre que cinquante années, ou se réserver l'option de se libérer par anticipation, sans autre indemnité que celle stipulée par l'article 75 des statuts, à continuer à prêter moyennant cinquante annuités de 5 fr. 45 c. pour 100 ou dans la proportion si le délai est plus court, tant qu'elle ne perdra pas au delà du quart de la somme qui lui est allouée, pour frais d'administration.

Cela posé, prenons un exemple pour examiner quel sera l'avantage qu'obtiendra l'emprunteur en s'adressant au Crédit foncier de France.

Soit un propriétaire qui, ayant un immeuble d'une valeur de 20,000 francs, a emprunté sur hypothèque 10,000 francs ; il paie en ce moment l'intérêt (1), frais compris, à 8 pour 100, soit 800 francs.

____

(1) Une enquête, ouverte au conseil d'Etat en 1850, a prouvé que

Que ce propriétaire s'adresse au Crédit foncier de France, ou à la succursale du ressort dans lequel est situé l'immeuble, pour faire le même emprunt remboursable en 45 années, il n'aura plus à payer (voir la table d'annuités, intérêts à 4 1/4 pour 100, page 41) que . . . . 5 fr. 00 c.
(à moins d'un centime près) plus, pour frais d'administration. 60
                                        Total. . . . . 5 fr. 60 c.

pour 100, ou 560 francs pour 10,000 francs, pendant 45 ans.

Si l'emprunt est fait sous l'empire de la combinaison 5 pour 100, tout compris, on n'aura à payer que 500 francs par an, pour rembourser en 50 années, le capital de 10,000 francs.

Il est donc évident qu'il y a un avantage immense à emprunter aux établissements de crédit foncier, puisqu'en payant, suivant la combinaison adoptée, 5 fr. ou 5 fr. 45 c. pour 100 pendant 50 ans, et 5 fr. 60 pendant 45 ans, on se libère complétement du capital emprunté : tandis que, par les autres emprunts hypothécaires, on paie environ moitié en plus, et on est, en outre, menacé, à l'échéance de la dette, d'une expropriation forcée, qui amène toujours la ruine de l'emprunteur.

Dans le cas où l'intérêt des capitaux viendrait à s'élever à 4 1/2 pour 100, la société étant alors obligée, suivant le deuxième paragraphe de l'art. 8 de la convention précitée, à abandonner à l'emprunteur le quart de ses frais d'administration, l'annuité à payer pour se libérer en 50 années ne s'élèverait encore qu'à 5 fr. 50 c. pour 100, tout compris (voir la table d'annuités, intérêts à 4 1/2 pour 100, pag. 43); on y trouve, en effet, que l'annuité pour 50 ans est de, ... 5 fr. 05
   Plus pour frais d'administration. 45
                                        Total. . . . . 5 fr. 50 c.

En payant 8 fr. 07 c. ou 08 fr. 8 c. pour 100 par an (les intérêts étant à 4 1/4 ou à 4 1/2 pour 100), ce qui est, à peu près, selon l'enquête ouverte au conseil d'État en 1850, l'intérêt des prêts hypothécaires, on se libérerait en 20 années, du capital emprunté.

Ce qui vient d'être dit sur le crédit foncier suffit pour en faire connaître toute la portée, et bientôt la France entière appréciera l'immense service que Sa Majesté Napoléon III, Empereur, a rendu à l'agriculture et au commerce, en instituant le crédit foncier qui est appelé à sauver la propriété de l'usure par l'amortissement de la dette hypothécaire.

L'intérêt des prêts hypothécaires est, en moyenne, de 8 pour 100 par an, y compris les frais d'enregistrement, honoraires, expéditions, renouvellements, quittances, radiations.

Décret du 28 février 1852, sur les sociétés du crédit foncier (1).

Louis-Napoléon, président de la République française, sur le rapport du ministre de l'intérieur, de l'agriculture et du commerce, décrète:

____

(1) Le décret sur le crédit foncier a été suivi des explications suivantes, insérées dans le *Moniteur* du 1er mars 1852:

Les institutions de crédit foncier étant presque inconnues en France, il nous paraît essentiel de donner sur leur mécanisme et sur leurs effets quelques explications qui feront mieux apprécier les immenses avantages du décret publié par le *Moniteur* du 28 février.

Une enquête ouverte au conseil d'Etat, en 1850, a prouvé que l'intérêt des prêts hypothécaires est, en moyenne, au moins de 8 p. 100 par an, y compris les frais d'enregistrement, honoraires, expéditions, inscriptions, renouvellements, quittances, radiations. Les renseignements recueillis auprès des conseils généraux ont donné le même résultat.

La dette hypothécaire inscrite est d'environ 14 milliards. En déduisant les hypothèques éteintes, conditionnelles, légales, judiciaires, il reste plus de 8 milliards qui supportent un intérêt de 640 millions.

Il est à remarquer que le capital de la dette s'accroît, année moyenne, de 600 millions, c'est-à-dire d'une somme presque équivalente au montant de l'intérêt.

Un pareil état de choses, qui menaçait les fortunes immobilières de la France, appelait un prompt remède.

Voyons maintenant quels seront les effets des institutions créées par le président de la République, et qui fonctionnent avec tant de succès en Allemagne depuis près d'un siècle.

Les sociétés de crédit foncier, à l'aide des priviléges qui leur sont attribués par le décret, offriront toute sécurité aux capitalistes.

1° Ces sociétés ne pourront émettre des obligations ou lettres de gage que jusqu'à concurrence des prêts qu'elles auront consentis. La stricte exécution de cette clause est assurée par l'intervention du notaire, qui, dépositaire de l'acte de prêt, peut seul viser ces lettres de gage. Cet officier public encourrait une grave responsabilité s'il visait des obligations qui excéderaient le montant du prêt.

2° Ces sociétés ne sont exposées à aucune perte. Les sommes qu'elles prêtent sont garanties par une première hypothèque sur un immeuble d'une valeur au moins double. Elles ne font de paiement qu'après avoir purgé les hypothèques légales, rescisoires et résolutoires. Elles n'ont donc à craindre aucune éviction.

3° En cas de retard dans l'acquittement des annuités souscrites à leur profit, elles ont le droit de séquestrer immédiatement l'immeuble hypothéqué et même de le vendre, avec des formalités rapides et peu coûteuses.

Quel sera le débiteur qui se laissera exproprier pour ne point se libérer exactement chaque année d'une portion de dette à peine égale au revenu de la propriété?

TITRE I. — DES SOCIÉTÉS DE CRÉDIT FONCIER.

Art. 1. Des sociétés de crédit foncier, ayant pour objet de fournir aux propriétaires d'immeubles, qui voudront emprunter sur hypothèque, la possibilité de se libérer au moyen d'annuités à long terme, peuvent être autorisées par décret du président de la République, le conseil d'Etat entendu. — Elles jouissent alors des droits et sont soumises aux règles déterminées par le présent décret.

Si l'on ajoute à ces causes de sécurité celle qui résulte du concours de l'Etat et des départements, si l'on considère la facilité de placer et de négocier les lettres de gage qui, pouvant être fractionnées en sommes de cent francs, recueilleront les épargnes même des petites fortunes, il est permis d'espérer que ces sociétés trouveront aisément des capitaux à un intérêt de 4 1/2 p. 0/0 au plus.

Cela posé, examinons quelles seront les charges qu'auront à supporter les emprunteurs :

Intérêt de l'argent. . . . . 4 1/2 p. 0/0
Frais de premier établissement et d'administration. . 1/2 p. 0/0
Amortissement. . . . . 1 p. 0/0

Total. . . . . 6 p. 0/0

Supposons un propriétaire qui, ayant un immeuble d'une valeur de 100,000 fr., a emprunté sur hypothèque 50,000 fr.

Il paye en ce moment l'intérêt, frais compris, à 8 p. 0/0, ou soit 4,000 fr.

Il est, en outre, menacé, à l'échéance de sa dette, d'une expropriation forcée qui toujours amène sa ruine.

Que ce propriétaire s'adresse à une société de crédit foncier, il recevra les 50,000 fr., et n'aura plus à payer que 3,000 fr. par an, sans jamais être tenu de rembourser le capital, qui sera éteint après quarante ans.

Nous avons dit que la dette hypothécaire de la France est de 8 milliards, et l'intérêt annuel de 640 millions.

Le crédit foncier éteindra la dette après quarante ans, et diminuera l'intérêt de 2 pour 0/0, ou soit de 160 millions.

Cette dernière somme équivaut à près du trois cinquièmes de la contribution foncière, qui est de 280 millions.

Si tout à coup un décret du président de la République apprenait à la France que la contribution foncière est diminuée de plus de moitié, avec quel transport d'allégresse un pareil décret ne serait-il pas accueilli ! Le même résultat sera obtenu par les institutions de crédit foncier, dès qu'elles seront organisées dans tous les départements. On aurait en vain attendu longtemps cet immense bienfait, sans l'activité prodigieuse imprimée au pouvoir législatif depuis l'acte du 2 décembre.

En effet, dans la pensée de l'Assemblée nationale, le crédit foncier ne pouvait être décrété qu'après la réforme hypothécaire, et combien de

Art. 2. L'autorisation est accordée, soit à des sociétés d'emprunteurs, soit à des sociétés de prêteurs (1).

Art. 3. Les sociétés sont restreintes à des circonscriptions territoriales que le décret d'autorisation déterminera.

Art. 4. Les sociétés de crédit foncier ont le droit d'émettre des obligations ou lettres de gage (2).

Art. 5. Pour faciliter les premières opérations des sociétés, l'État et les départements peuvent acquérir une certaine quantité de ces lettres de gages. — La loi des finances fixera chaque année le maximum des sommes que le trésor pourra affecter à cet emploi. — La répartition en sera faite par le décret d'autorisation de chaque société. — Le même décret déterminera, en outre, la part qui sera attribuée à la société sur le fonds de dix millions, affecté à l'établissement des institutions de crédit foncier par l'art. 7 du décret du 22 janvier dernier.

---

difficultés cette réforme n'éprouvait-elle pas encore, quoique les jurisconsultes les plus éminents eussent consacré plus de deux ans à l'étude de ce projet!

Ces difficultés ont été aplanies avec un rare bonheur par le décret du 28 de ce mois, qui, introduisant des innovations profondes dans le système hypothécaire et dans les formalités de l'expropriation forcée, en restreint l'application aux actes faits par les sociétés de crédit foncier, et laisse conséquemment subsister, quant au droit commun, toutes les dispositions de nos codes; de telle sorte que, si la pratique prouve que le nouveau système peut fonctionner sans de graves inconvénients, on pourra l'étendre plus tard à toute la législation. Si, au contraire, l'expérience démontre que ces innovations ne garantissent pas suffisamment l'intérêt des propriétaires et des incapables, l'épreuve aura été faite sans danger, et des modifications nouvelles pourront obvier aux inconvénients qui se seront révélés.

Faisons donc un appel aux capitalistes qui se préoccupent des intérêts généraux de leur pays. Nous ne doutons point qu'ils ne prêtent leur concours aux sociétés de crédit foncier, qui, sans doute, ne tarderont point à s'établir dans toute la France.

(1) Dans la pensée du législateur, toutes les sociétés, quelles qu'elles soient, peuvent se ramener à deux types : ou bien elles fonctionnent dans l'intérêt exclusif des emprunteurs, sans retenir aucun bénéfice pour elles-mêmes; ce sont les sociétés d'emprunteurs; ou bien constituées par des actionnaires, elles font un bénéfice sur leurs opérations; ce sont les sociétés de prêteurs.

(2) Le moyen indiqué par le législateur, c'est l'émission d'un signe représentatif, à l'aide duquel le gage immobilier puisse circuler facilement et devenir la contre-valeur d'échanges de toute nature. Ce titre, appelé lettre de gage, doit être garanti par hypothèque, se transmettre sans frais ni formalités coûteuses, et produire des intérêts.

TITRE II. — DES PRÊTS FAITS PAR LES SOCIÉTÉS DE CRÉDIT FONCIER (1).

Art. 6. (2). Les sociétés de crédit foncier ne peuvent prêter que sur première hypothèque. — Sont considérés comme faits sur première hypothèque les prêts au moyen desquels tous les créanciers antérieurs doivent être remboursés en ca-

---

(1) Tout propriétaire d'immeubles qui veut obtenir un emprunt, en fait la demande par écrit. Il doit indiquer la durée du prêt en consultant les tables, puis la consistance des biens et leur situation, avec une désignation sommaire des bâtiments et la contenance superficielle; et déclarer la valeur des biens offerts en garantie.

Il doit produire à l'appui de sa demande :

1° Les titres de propriété de son immeuble ;

2° La copie certifiée de la matrice cadastrale ;

3° Les baux ou l'état des locations, s'il en existe, avec indication des fermages et loyés payer d'avance ;

4° La déclaration signée par lui des revenus et des charges ;

5° La note des contributions de l'année courante, ou, à son défaut, celle de la dernière année ;

6° La police d'assurances contre l'incendie ;

7° Un état d'inscription constatant la situation hypothécaire ;

8° La déclaration de son état civil ; s'il est ou a été marié ou tuteur.

En cas de mariage, indiquer quel est le régime établi par le contrat de mariage.

(2) Voici ce que porte l'exposé des motifs de 1850 sur le crédit foncier :

« Nous proposons une série de dispositions destinées à inspirer au public une juste confiance dans la solidité des placements faits sur les sociétés de crédit foncier.

« L'une des plus importantes, sans contredit, c'est l'interdiction de prêter autrement que sur première hypothèque.

« Quelque restriction que cette mesure apporte aux opérations des sociétés de crédit foncier, nous l'avons jugée indispensable pour leur conquérir sans hésitation la confiance publique. Il était à craindre, d'ailleurs, qu'en cas d'expropriation, le concours de la société avec d'autres créanciers antérieurement inscrits sur le même immeuble n'amenât des complications de procédure qui auraient occasionné des frais et retardé le remboursement.

« Est-ce à dire, cependant, que les biens déjà grevés doivent être dépourvus de tout crédit ? Non ; mais il ne pourra leur en être ouvert un à la caisse de la société qu'à certaines conditions exigées pour assurer leur dégrèvement ou la subrogation de la société dans les droits du premier prêteur. En tout cas, il faut convenir que, si les biens sont grevés d'une manière dangereuse, la société ne peut prêter sur un tel gage, et que, si l'hypothèque est faible, la substitution de ses droits à ceux du premier créancier sera toujours facile. »

pital et intérêts (1). — Dans ce cas, la société conserve entre ses mains valeur suffisante pour opérer ce remboursement.

Art. 7. Le prêt ne peut, en aucun cas, excéder la moitié de la valeur de la propriété; le minimun du prêt sera fixé par les statuts.

Art. 8. Nul prêt ne peut être réalisé qu'après l'accomplissement des formalités prescrites par le titre IV du présent décret pour purger, 1° les hypothèques légales, sauf le cas de subrogation par la femme à cette hypothèque; 2° les actions résolutoires ou rescisoires et les priviléges non inscrits. — S'il survient une inscription pendant les délais de la purge, l'acte conditionnel de prêt est nul et non avenu.

Art. 9. Lorsque l'hypothèque légale est inscrite, le prêt ne peut être réalisé qu'après la mainlevée donnée, soit par la femme non mariée sous le régime dotal, soit par le subrogé-tuteur du mineur ou de l'interdit, en vertu d'une délibération du conseil de famille.

Art. 10. L'emprunteur acquitte sa dette par annuité. Il a toujours le droit de se libérer par anticipation, soit en totalité, soit en partie.

Art. 11. L'annuité comprend nécessairement:

1° L'intérêt stipulé, qui ne peut excéder cinq pour cent; 2° la somme affectée à l'amortissement, laquelle ne peut être supérieure à deux pour cent, ni inférieure à un pour cent du montant du prêt; 3° les frais d'administration, ainsi que les taxes déterminées par les statuts.

Art. 12. En cas de non-paiement des annuités, la société, indépendamment des droits qui appartiennent à tout créancier, peut recourir aux moyens d'exécution déterminés par le titre IV du présent décret.

TITRE III. — DES OBLIGATIONS ÉMISES PAR LES SOCIÉTÉS DE CRÉDIT FONCIER.

Art. 13. Les obligations ou lettres de gages des sociétés de crédit foncier sont nominatives ou au porteur. — Les obligations nominatives sont transmissibles par voie d'endossement, sans autre garantie que celle qui résulte de l'art. 1693 du code civil.

Art. 14. La valeur des lettres de gages ne peut dépasser le

---

(1) « Lorsque le bien est déjà grevé d'hypothèques, dit M. Josseau, dans un article publié par le *Moniteur,* la demande doit contenir l'offre de laisser à la société une valeur suffisante en argent ou en lettres de gages pour rembourser les créanciers antérieurs.

« C'est ainsi que doit s'opérer successivement la conversion de la dette actuelle, remboursable par capitaux, en une dette remboursable par annuités. Précieux résultat que les sociétés de crédit foncier peuvent seules produire. »

montant des prêts. — Elles ne sont émises qu'après avoir été visées par un notaire et enregistrées. — Le visa est donné gratuitement par le notaire dépositaire de la minute de l'acte de prêt. — Il est fait mention sur la minute du nombre et du montant des lettres de gages visées. — Les lettres de gages doivent être enregistrées en même temps que l'acte de prêt. — L'enregistrement des lettres de gages a lieu au droit fixe de dix centimes.

Art. 15. Il ne peut être créé de lettres de gage inférieures à cent francs (1).

Art. 16. Les lettres de gage portent intérêt. — Dans le courant de chaque année, il est procédé à leur remboursement au prorata de la rentrée des sommes affectées à l'amortissement (2).

Art. 17. Les porteurs de lettres de gage n'ont d'autre action, pour le recouvrement des capitaux et intérêts exigibles, que celle qu'ils peuvent exercer directement contre la société.

Art. 18. Il n'est admis aucune opposition au paiement du capital et des intérêts, si ce n'est en cas de perte de la lettre de gage.

TITRE IV. — DES PRIVILÉGES ACCORDÉS AUX SOCIÉTÉS DE CRÉDIT FONCIER POUR LA SÛRETÉ ET LE RECOUVREMENT DU PRÊT.

CHAPITRE PREMIER. — *De la purge.*

Art. 19. Lorsque l'emprunteur est tuteur d'un mineur ou

____

(1) Les lettres de gage peuvent être fractionnées en coupons de 100, 200, 500 et 1000 fr.

(2) Voici comment, dans un projet de statuts pour les sociétés de crédit foncier, on propose de régler le remboursement des lettres de gage :

« La portion de l'annuité affectée à l'amortissement de la dette est employée par la société au remboursement des lettres de gages.

« Il est procédé au moins à un tirage au sort par an.

« A cet effet, tous les titres émis pendant la même année, sont placés dans une seule roue, de manière qu'il y ait autant de roues que d'années d'émission. Il est tiré de chaque roue la quantité de numéros suffisante pour représenter la somme que le conseil d'administration a désignée comme devant être remboursée sur chaque création annuelle. Par ce moyen très-simple, chaque titre est assuré de son remboursement dans l'espace de quarante ans.

« Le tirage effectuée, les numéros désignés par le sort sont publiés, et il est procédé à leur remboursement à l'échéance du semestre courant. Les premiers numéros sortis peuvent recevoir des primes, si le conseil d'administration a jugé, avant le tirage, qu'il était possible de leur en accorder.

« Les lettres de gages remboursées sont détruites par le directeur, en présence du président du conseil d'administration et du commissaire du gouvernement. »

d'un interdit, il est tenu d'en faire la déclaration dans le contrat de prêt. — Dans ce cas, la signification énoncée à l'art. 21 suivant est faite tant au subrogé-tuteur qu'au juge de paix du domicile où la tutelle est ouverte. — Dans la quinzaine de cette signification, le juge de paix convoque le conseil de famille en présence du subrogé-tuteur. Ce conseil délibère sur la question de savoir si l'inscription doit être prise. En cas d'affirmative, elle est prise dans la huitaine de la délibération. — Après la délibération, le subrogé-tuteur est tenu, sous sa responsabilité, de veiller à l'accomplissement des formalités ci-dessus prescrites.

Art. 20. Lorsque la femme mariée est présente au contrat de prêt, elle peut, si elle n'est pas mariée sous le régime dotal, consentir une subrogation à son hypothèque légale jusqu'à concurrence du montant du prêt. — Si elle ne consent pas cette subrogation, et sous quelque régime que le mariage ait été contracté, le notaire l'avertit que, pour conserver vis-à-vis de la société le rang de son hypothèque légale, elle est tenue de la faire inscrire dans la quinzaine. — L'acte fait mention de cet avertissement, sous peine de nullité.

Art. 21. Si la femme n'est pas présente au contrat, un extrait de l'acte constitutif d'hypothèque est signifié à sa personne. — Cet extrait contient, sous peine de nullité, la date, les noms, prénoms, profession et domicile de l'emprunteur, la désignation de la nature et la situation de l'immeuble, ainsi que le montant du prêt. — Cet extrait contient, en outre, l'avertissement qui doit être donné à la femme conformément à l'article précédent.

Art. 22. Dans le cas où l'exploit ne peut être remis à la femme en personne, et toutes les fois qu'il s'agit de purger des hypothèques légales inconnues, la signification est faite tant à la femme qu'au procureur de la République près le tribunal du lieu où l'immeuble est situé.

Art. 23. Un extrait de l'acte constitutif d'hypothèque est inséré, avec mention des significations dont il est parlé à l'article précédent, dans l'un des journaux désignés pour les publications judiciaires. — Quarante jours après cette insertion, et s'il n'est pas survenu d'inscription d'hypothèques légales, l'immeuble est affranchi de ces hypothèques vis-à-vis de la société.

Art. 24. A l'égard des actions résolutoires ou rescisoires et des privilèges non inscrits, la purge a lieu de la manière suivante. — Un extrait de l'acte constitutif d'hypothèque dressé dans la forme indiquée au deuxième paragraphe de l'art. 21, est signifié aux précédents propriétaires, soit au domicile réel, soit au domicile élu ou indiqué par les titres. — Cet extrait est publié suivant le mode indiqué au premier paragraphe de l'art. 23, et la purge s'opère après le délai de quarante jours écoulé sans qu'il soit survenu d'inscription.

Art. 25. La purge opérée par le défaut d'inscriptions prises dans les délais ci-dessus déterminés, a pour effet de faire acquérir à la société de crédit foncier le premier rang d'hypothèque relativement à la femme, au mineur ou à l'interdit. — Elle ne profite point aux tiers, qui demeurent assujettis aux formalités prescrites par les articles 2193, 2194 et 2195 du Code civil.

CHAPITRE II. — *Des droits et moyens d'exécution de la société contre les emprunteurs.*

Art. 26. Les juges ne peuvent accorder aucun délai pour le paiement des annuités.

Art. 27. Ce paiement ne peut être arrêté par aucune opposition.

Art. 28. Les annuités non payées à l'échéance produisent intérêt de plein droit. — Il peut, en outre, être procédé par la société au séquestre et à la vente des biens hypothéqués, dans les formes et aux conditions prescrites par les articles suivants.

§ Ier. — *Du séquestre* (1).

Art. 29. En cas de retard du débiteur, la société peut, en vertu d'une ordonnance rendue sur requête par le président du tribunal civil de première instance, et quinze jours après une mise en demeure, se mettre en possession des immeubles hypothéqués, aux frais et risques du débiteur en retard.

Art. 30. Pendant la durée du séquestre, la société perçoit, *nonobstant toute opposition ou saisie*, le montant des revenus ou récoltes, et l'applique par privilège (2) à l'acquittement des termes échus d'annuités et des frais. — Ce privilège prend

---

(1) « Le revenu de l'immeuble, dit l'exposé des motifs de 1850, est spécialement affecté au paiement de l'annuité. Le débiteur ne peut garder l'un et s'abstenir de payer l'autre. Aussi autorisons-nous la société à s'assurer la perception des fruits, par la mise de l'immeuble en séquestre. En vertu d'une ordonnance du président du tribunal de première instance, elle pourra se faire mettre en possession. Le séquestre, très-usité en Allemagne, est un moyen tout paternel ; il est dans l'intérêt du débiteur lui-même, auquel il évitera le plus souvent le malheur d'une expropriation, et il mettra la société à même de se procurer rapidement les fonds nécessaires à l'exécution de ses engagements. »

(2) « La raison de ce privilège est facile à comprendre, dit l'exposé des motifs de 1850, et aucun autre créancier ne saurait s'en plaindre, puisque la société est inscrite en première ligne, et que tous ceux qui ont traité avec le propriétaire ont connu sa situation vis-à-vis d'elle. »

rang immédiatement après ceux qui sout attachés aux frais faits pour la conservation de la chose, aux frais de labours et de semences, et aux droits du trésor pour le recouvrement de l'impôt.

Art. 31. En cas de contestation sur le compte du séquestre, il est statué par le tribunal comme en matière sommaire.

§ II. — *De l'expropriation et de la vente* (1).

Art. 32. Dans le même cas de non-paiement d'une annuité, et toutes les fois que, par suite de la détérioration de l'immeuble, ou pour toute autre cause indiquée dans les statuts, le capital intégral est devenu exigible, la vente de l'immeuble peut être poursuivie. — S'il y a contestation, il est statué par le tribunal de la situation des biens comme en matière sommaire. — Le jugement n'est pas susceptible d'appel.

Art. 33. Pour parvenir à la vente de l'immeuble hypothéqué, la société de crédit foncier fait signifier au débiteur un commandement dans la forme prévue par l'art. 673 du Code

---

(1) Les dipositions de cette note sont encore empruntées au projet de loi de 1850. M. le ministre de l'agriculture et du commerce en exposait les motifs dans les termes suivants:

« Si la société devait subir les embarras, les frais, les incidents nombreux que soulève cette procédure, son existence, fondée sur la régularité de ses paiements, pourrait en éprouver une atteinte mortelle. Aussi admettons-nous que, dans certaines limites, il lui sera possible de stipuler par des statuts que la vente aura lieu suivant des formes moins longues et moins dispendieuses. Le motif qui a déterminé le législateur par l'art. 742 du code de procédure, la clause de voie parée, comme mettant le débiteur à la merci d'un créancier rigoureux, n'existe plus lorsqu'il s'agit d'un établissement placé sous la surveillance de l'Etat, et dont les statuts auront été approuvés par le gouvernement. Il y a là des garanties qui doivent d'autant mieux écarter toute crainte, que nous avons écrit dans le projet le principe de la publicité, la nécessité d'appeler le débiteur, et l'obligation de poursuivre la vente, à moins que les tribunaux n'en ordonnent autrement, dans le lieu où sont situés les biens.

« Il était nécessaire de prévoir le cas où une saisie immobilière aurait été pratiquée par un créancier antérieurement aux poursuites de la société. Là nous admettons une distinction, suivant que la saisie est simplement commencée, ou bien que, par le dépôt du cahier d'enchères, toutes les formalités étant remplies, il ne reste plus qu'à procéder à l'adjudication. Dans le premier cas, nous accordons à la société le droit de poursuivre la vente avec l'application de la clause de voie parée. Dans le second, comme cette faculté n'aurait pour effet que d'amener de nouveaux frais, nous lui reconnaissons seulement le droit, qui appartient à tout créancier diligent, de surveiller et d'intervenir, soit pour se faire subroger, soit pour modifier le cahier des charges, soit pour s'opposer à toute remise d'adjudication. »

(*Exposé des motifs de 1850.*)

de procédure civile. Ce commandement est transcrit au bureau des hypothèques de la situation des biens. — A défaut de paiement dans la quinzaine, il est fait, dans les six semaines qui suivent la transcription dudit commandement, six insertions dans l'un des journaux indiqués par l'art. 42 du Code de commerce, et deux appositions d'affiches à quinze jours d'intervalle. — Les affiches seront placées dans l'auditoire du tribunal du lieu où la vente doit être effectuée, à la porte de la mairie du lieu où les biens sont situés, et sur la propriété, lorsqu'il s'agit d'un immeuble bâti. — La première opposition est dénoncée dans la huitaine au débiteur et aux créanciers, au domicile par eux élu dans l'inscription, avec sommation de prendre communication du cahier des charges. — Quinze jours après l'accomplissement de ces formalités il est procédé à la vente aux enchères, en présence du débiteur, ou lui dûment appelé, devant le tribunal de la situation des biens ou de la plus grande partie des biens. — Néanmoins, le tribunal, sur requête présentée par la société avant la première insertion, peut ordonner que la vente aura lieu, soit devant un autre tribunal, soit en l'étude d'un notaire du canton ou de l'arrondissement dans lesquels les biens sont situés. Ce jugement n'est pas susceptible d'appel. Il ne peut y être formé d'opposition que dans les trois jours de la signification qui doit être faite au débiteur, en y ajoutant les délais de distance.

Art. 34. A compter du jour de la transcription du commandement, le débiteur ne peut aliéner au préjudice de la société les immeubles hypothéqués, ni les grever d'aucun droit réel.

Art. 35. Le commandement, les exemplaires du journal contenant les insertions, les procès-verbaux d'apposition d'affiches, la sommation de prendre communication du cahier des charges et d'assister à la vente, sont annexés au procès-verbal d'adjudication.

Art. 36. Les dires et observations doivent être consignés sur le cahier des charges huit jours au moins avant celui de la vente. Ils contiennent constitution d'un avoué, chez lequel domicile est élu de droit, le tout à peine de nullité. — Le tribunal est saisi de la contestation par acte d'avoué à avoué. Il statue sommairement et en dernier ressort, sans qu'il puisse en résulter aucun retard de l'adjudication.

Art. 37. Si, lors de la transcription du commandement, il existe une saisie antérieure pratiquée à la requête d'un autre créancier, la société de crédit foncier peut, jusqu'au dépôt du cahier d'enchères, et après un simple acte signifié à l'avoué poursuivant, faire procéder à la vente d'après le mode indiqué dans les articles précédents. — Si la transcription du commandement n'est requise par la société qu'après le dépôt du cahier d'enchères, celle-ci n'a plus que le droit de se faire subroger dans les poursuites du créancier saisissant, conformément à l'art. 722 du Code de procédure civile. — Il n'est accordé, si la société s'y oppose, aucune remise d'adjudication. — En cas de négligence de la part de la société, le créancier saisissant a le droit de reprendre ses poursuites.

Art. 38. Dans la huitaine de la vente, l'acquéreur est tenu d'acquitter, à titre de provision, dans la caisse de la société, le montant des annuités dues. — Après les délais de surenchère, le surplus du prix doit être versé à ladite caisse jusqu'à concurrence de ce qui lui est dû, nonobstant toutes oppositions, contestations et inscriptions des créanciers de l'emprunteur, sauf néanmoins leur action en répétition, si la société avait été indûment payée à leur préjudice.

Art. 39. Si la vente s'opère par lots ou qu'il y ait plusieurs acquéreurs non cointéressés, chacun d'eux n'est tenu, même hypothécairement, vis-à-vis de la société, que jusqu'à concurrence de son prix.

Art. 40. La surenchère a lieu conformément aux art. 708 et suivants du Code de procédure civile. — Dans le cas de vente devant notaire, elle doit être faite au greffe du tribunal dans l'arrondissement duquel l'adjudication a été prononcée.

Art. 41. Lorsqu'il y a lieu à la folle enchère, il y est procédé suivant le mode indiqué par les art. 33, 34, 35, 36 et 37 du présent décret.

Art. 42. Tous les droits énumérés dans le présent chapitre peuvent être exercés contre les tiers détenteurs, après dénonciation du commandement fait au débiteur. — Les poursuites commencées contre le débiteur sont valablement continuées contre lui, jusqu'à ce que les tiers auxquels il aurait aliéné les immeubles hypothéqués se soient fait connaître à la société. Dans ce cas, les poursuites sont continuées contre les tiers détenteurs sur les derniers errements quinze jours après la mise en demeure (1).

-----

(1) Devait-on assujettir la société, avant qu'elle pût rien toucher, aux déboires incalculables qu'entraîne souvent la procédure d'ordre ?

L'exposé des motifs de 1852 répond ainsi à cette question.

« Cette nécessité serait désastreuse pour une société à qui il importe tant de remplir ses engagements à jour fixe. A quoi bon la lui imposer ? N'est-elle pas la première inscrite ? Sa créance ne sera-t-elle pas, la plupart du temps, à l'abri de toute contestation ? Et s'il devait en surgir, l'institution n'offre-t-elle pas assez de garantie pour que les autres créanciers ne puissent concevoir aucune crainte relativement à la restitution de ce qu'elle aurait pu toucher indûment ? Aussi le projet imposa-t-il à l'adjudicataire l'obligation de remettre à la société, dans la huitaine de l'adjudication, le montant des annuités échues. Quant au surplus du prix, nous ne voyons aucun inconvénient et nous apercevons un grand avantage à ce qu'elle puisse s'en faire délivrer le montant, jusqu'à concurrence de sa créance, après l'expiration des délais de

TITRE V. — DISPOSITIONS GÉNÉRALES.

Art. 43. Les sociétés de crédit foncier sont placées sous la surveillance du ministre de l'intérieur, de l'agriculture et du commerce, et du ministre des finances. — Le choix des directeurs est soumis à l'approbation du ministre de l'intérieur, de l'agriculture et du commerce.

Art. 44. Il est interdit aux sociétés de faire d'autres opérations que celles prévues par le présent décret.

Art. 45. Elles sont admises à déposer leurs fonds libres au trésor, aux conditions déterminées par le Gouvernement.

Art. 46. Les fonds des incapables et des communes peuvent être employés en achat de lettres de gage. — Il en est de même des capitaux disponibles appartenant aux établissements publics ou d'utilité publique, dans tous les cas où ces établissements sont autorisés à les convertir en rentes sur l'État.

Art. 47. Les inscriptions hypothécaires prises au profit des sociétés de crédit foncier sont dispensées, pendant toute la durée du prêt, du renouvellement décennal prescrit par l'art. 2154 du Code civil.

Art. 48. Les statuts approuvés conformément aux dispositions de l'art. 1 indiquent principalement : 1° le mode suivant lequel il doit être procédé à l'estimation de la valeur de la propriété ; 2° la nature des propriétés qui ne peuvent être admises comme gage hypothécaire et le maximum du prêt qui peut être fait sur chaque nature de propriété ; 3° le maximum des prêts qui peuvent être faits au même emprunteur ; 4° les tarifs pour le calcul des annuités ; 5° le mode et les conditions des remboursements anticipés ; 6° l'intervalle à établir entre le paiement des annuités par les emprunteurs, et le paiement des intérêts du capital par la société ; 7° le mode d'émission et de rachat et le mode de remboursement des lettres de gages avec ou sans primes, ainsi que le mode d'annulation des lettres de gage remboursées ; 8° la constitution d'un fonds de garantie ou d'un fonds de réserve ; 9° les cas où il y aura lieu à la dissolution de la société, ainsi que les formes et conditions de la liquidation ; 10° les cautionnements et autres garanties à exiger des directeurs, administrateurs et employés de la société, ainsi que le mode de leur nomination.

Art. 49. Un règlement d'administration publique déterminera notamment : 1° le mode suivant lequel est exercée la

surenchère, sauf à restituer, s'il y a lieu. L'astreindre à attendre, souvent pendant plusieurs années, le résultat définitif d'un ordre interminable, c'est l'exposer, sans utilité pour les créanciers postérieurement inscrits, aux plus graves dangers.

surveillance de la gestion et de la comptabilité ; 2° la publicité périodique à donner aux états de situation et aux opérations sociales ; 3° le tarif particulier des honoraires dus aux officiers publics appelés à concourir aux divers actes auxquels peut donner lieu l'établissement des sociétés de crédit foncier.

Art. 50. Le ministre de l'intérieur, de l'agriculture et du commerce, est chargé, etc.

LOUIS-NAPOLÉON.

Le ministre de l'intérieur, de l'agriculture et du commerce,

F. DE PERSIGNY.

Décret du 28 mars 1852, qui autorise la Constitution d'une société de crédit foncier pour le ressort de la Cour d'appel de Paris.

Louis-Napoléon, président de la République française, sur le rapport du ministre de l'intérieur, de l'agriculture et du commerce ; vu le décret du 28 février 1852, sur les sociétés de crédit foncier ; vu la demande qui lui a été adressée, décrète :

Art. 1er. MM. François Bartholony, banquier ; Drouyn de Lhuis, vice-président du sénat ; Léon Faucher, ancien ministre ; comte Xaxier Branicki, propriétaire ; prince Sapieha, propriétaire ; Adolphe d'Eichtal, membre de la commission municipale de Paris ; Benoist-d'Azy, ancien représentant ; duc de Mouchy, député ; comte Hervé de Kergolay, député ; Emile Péreire, directeur du chemin de fer de Saint-Germain ; Thibaut, ancien notaire ; baron Charles de Ladoucette, sénateur ; comte de Gasparin, ancien pair de France, ancien ministre ; Paccard, Dufour et Compagnie, de Waru, banquiers ; comte de Plancy, député ; Achille Fould, sénateur ; Hippolyte Passy, ancien ministre ; Darblay aîné, ancien député ; Darblay jeune, député ; Léopold Javal, banquier ; comte de Chappedelaine, propriétaire ; Hély-d'Oissel, ancien conseiller d'Etat ; Cotelle, ancien député ; Léonce de Lavergne, professeur à l'Institut agronomique de Versailles ; comte de Brosses, propriétaire ; général comte Dunin-Wonsonicz ; Charles Rhoné, propriétaire ; de Renneville, ancien député ; Adolphe Dailly, maître des postes de Paris ; Wolowski, ancien représentant ; sont autorisés à constituer une société de crédit foncier, ayant pour objet de fournir aux propriétaires d'immeubles qui voudront emprunter sur hypothèque, la faculté de se libérer par des annuités dont le terme sera au moins de vingt années et ne devra pas dépasser celui de cinquante années.

Art. 2. Le fonds social de garantie est fixé à vingt-cinq millions de francs et divisé en cinquante mille actions de cinq cents francs chacune.

Vingt mille actions devront être souscrites pour que la société soit définitivement constituée.

Les quinze autres millions seront appelés sur la décision du conseil d'administration au fur et à mesure des besoins de la société, de manière à ce que le fonds de garantie se maintienne dans la proportion d'au moins cinq millions pour chaque cent millions d'obligations émises.

Les porteurs des actions primitives auront un droit de préférence, dans la proportion des titres par eux possédés, à la souscription au pair des actions ultérieurement émises.

Le capital social ne pourra être porté au delà de vingt-cinq millions qu'avec l'agrément du Gouvernement, et sur la décision de l'assemblée générale des actionnaires, qui sera formée des deux cents titulaires du plus grand nombre d'actions.

Art. 3. La société est autorisée :

1° A prêter aux propriétaires d'immeubles situés dans les sept départements du ressort de la Cour d'appel de Paris (Seine, Seine-et-Oise, Seine-et-Marne, Eure-et-Loir, Aube, Marne et Yonne), des sommes remboursables par les emprunteurs, au moyen d'annuités comprenant les intérêts, l'amortissement, ainsi que les frais et taxes.

Ces prêts seront faits aux conditions déterminées par le titre II du décret du 28 février 1852.

En vertu du présent décret, les opérations de la compagnie pourront, avec l'autorisation du ministre de l'intérieur, de l'agriculture et du commerce, admettre tout autre système, ayant pour objet de faciliter les prêts sur immeubles et la libération des débiteurs;

2° A émettre, conformément aux dispositions du titre III du même décret, pour une valeur égale à celle des engagements hypothécaires souscrits par les propriétaires d'immeubles, des obligations foncières, portant un intérêt annuel et remboursables par la voie du tirage au sort, avec la faculté d'y joindre des lots ou primes. Le taux de l'amortissement devra être déterminé de manière à ce que la durée des annuités soit au moins de vingt, et au plus de cinquante années, le maximum du taux de l'intérêt restant fixé à 5 p. 100;

3° A négocier lesdites obligations foncières;

4° A recevoir en dépôt, sans intérêt, les sommes destinées à être placées sur hypothèque et converties en obligations foncières.

Art. 4. Les remboursements anticipés réglés par l'art. 10 du titre II du décret du 28 février dernier, seront effectués en obligations foncières de même nature que les titres émis en représentation de l'emprunt contracté.

Il sera tenu compte, en outre, à la société d'une indemnité fixée au maximum à 3 p. 100 du capital remboursé.

Art. 5. Dans les conditions du prêt, il ne pourra être stipulé plus de soixante centimes par an pour cent francs pour les frais et taxes, déterminés par le paragraphe 3 de l'art. 11 du décret du 28 février dernier.

Art. 6. Aucune autre autorisation de crédit foncier ne sera accordée pour le ressort de la Cour d'appel de Paris avant l'expiration du délai de vingt-cinq années, à dater de la publication du présent décret.

Art. 7. Il ne pourra être émis d'actions ou promesses d'actions négociables pour la formation du fonds social de garantie, avant que la société ne soit régulièrement constituée en société anonyme, conformément à l'art. 37 du Code de commerce.

Art. 8. Les statuts de la société devront être soumis à l'approbation du Gouvernement dans le délai d'un mois à partir de la publication du présent décret.

Art. 9. A défaut de la constitution définitive de la société dans le délai de deux mois après l'autorisation des statuts, le présent décret sera considéré comme nul et non avenu.

Art. 10. Le ministre de l'intérieur, de l'agriculture et du commerce, est chargé, etc.

LOUIS-NAPOLÉON.

Le ministre de l'intérieur, de l'agriculture et du commerce,

F. DE PERSIGNY.

EXTRAIT DES STATUTS

du Crédit Foncier de France.

Art. 2. La société a pour objet :

1° De prêter sur hypothèque aux propriétaires d'immeubles situés dans les départements, des sommes remboursables par les emprunteurs au moyen d'annuités comprenant les intérêts, l'amortissement, ainsi que les frais d'administration ;

2° D'appliquer, avec l'autorisation du Gouvernement, tout autre système ayant pour objet de faciliter les prêts sur immeubles et la libération des débiteurs ;

3° De créer, pour une valeur égale à celle des engagements hypothécaires souscrits à son profit, des obligations produisant un intérêt annuel, remboursable par la voie du tirage au sort, avec ou sans lots et primes, et portant le titre d'Obligations foncières ;

4° De négocier ces obligations ;

5° De recevoir en dépôt, sans intérêt, les sommes destinées à être converties en Obligations foncières.

Art. 63. La société ne prête que sur première hypothèque.

Sont considérés comme faits sur première hypothèque les prêts au moyen desquels doivent être remboursées des créances déjà inscrites, lorsque par l'effet de ce remboursement l'hypothèque de la compagnie vient en première ligne et sans concurrence.

Dans ce cas, la société conserve entre ses mains valeur suffisante pour opérer ce remboursement.

Art. 64. Les prêts ne sont réalisés qu'après l'accomplissement des formalités prescrites par le titre IV, chapitre Ier du décret du 28 février 1852, pour la purge des hypothèques légales dont l'existence est connue, sauf le cas de subrogation par la femme, et des hypothèques inconnues, des actions résolutoires et rescisoires, et des priviléges non inscrits.

Art. 65. Ne sont point admis au bénéfice des prêts faits par la compagnie :

1° Les théâtres ;

2° Les mines ou carrières ;

3° Les biens immeubles indivis, si l'hypothèque n'est établie sur la totalité de ces immeubles du consentement de tous les co-propriétaires ;

4° Ceux dont l'usufruit et la nue-propriété ne sont pas réunis, à moins du consentement de tous les ayants droit, à l'établissement de l'hypothèque.

Art. 66. La compagnie n'accepte pour gage que les propriétés d'un revenu durable et certain.

Art. 67. Le montant du prêt ne peut dépasser la moitié de la valeur de l'immeuble hypothèqué.

Il sera, au plus, du tiers de la valeur, pour les propriétés plantées en vignes et pour les bois.

Les bâtiments des usines et fabriques ne seront estimées qu'en raison de leur valeur indépendante de leur affectation industrielle.

Dans aucun cas, l'annuité au service de laquelle l'emprunteur s'engage ne peut être supérieure au revenu total de la propriété.

Art. 68. Le maximum des prêts consentis à un même emprunteur ne peut dépasser un million.

La compagnie ne consent pas de prêt inférieur à 300 fr.

Art. 69. Le taux de l'intérêt des sommes prêtées est fixé par le conseil d'administration. Il ne peut dépasser 5 p. 100.

Art. 70. L'emprunteur contracte avec la compagnie l'obligation de se libérer par annuités, payables en espèces, de manière que l'extinction de la dette soit opérée dans un délai de vingt ans au moins et de cinquante au plus.

Art. 71. L'annuité comprend :

1° L'intérêt ;

2° L'amortissement calculé sur le taux de l'intérêt et la durée du prêt ;

3° Et une allocation annuelle qui ne peut excéder 60 cent. par 100 fr. pour frais d'administration.

Art. 72. Les annuités sont payables moitié au 30 juin, et moitié au 31 décembre de chaque année.

Le conseil d'administration pourra fixer d'autres époques pour ces paiements.

Au moment du prêt la compagnie retient, sur le capital, l'intérêt applicable au temps à courir jusqu'à la première échéance semestrielle.

Art. 73. Conformément à l'art. 28 du décret du 28 février 1852, tout semestre non payé à l'échéance porte intérêt de plein droit et sans mise en demeure, au profit de la compagnie, sur le pied de 5 p. 100 par an.

Il en est de même des frais de poursuite liquidés ou taxés, faits par la compagnie pour arriver au recouvrement de sa créance.

Art. 74. En outre, le défaut de paiement d'un semestre rend exigible la totalité de la dette un mois après la mise en demeure.

Art. 75. Les débiteurs ont le droit de se libérer par anticipation, en tout ou en partie.

Les remboursements anticipés seront effectués, au choix des emprunteurs, soit en numéraire, soit en obligations foncières de la compagnie, de même nature que les titres émis en représentation de l'emprunt contracté.

Ces obligations sont reçues au pair et doivent être immédiatement frappées du timbre d'annulation. Il en est tenu un compte spécial sur les livres de la compagnie, de manière à ce que leurs numéros puissent prendre part aux tirages successifs.

Les fonds provenant des remboursements anticipés seront employés, jusqu'à due concurrence, à amortir ou à racheter les obligations foncières.

Les paiements anticipés donnent lieu, au profit de la compagnie, à une indemnité qui ne peut dépasser 3 p. 100 du capital remboursé par anticipation.

Art. 76. L'emprunteur est tenu de dénoncer à la compagnie, dans le délai d'un mois :

Les détériorations subies par sa propriété ;

Les aliénations partielles ou totales qu'il peut avoir faites ;

Et toute atteinte apportée à la possession ou à la propriété, qui peut intéresser les droits de la compagnie.

Si les faits ci-dessus sont de nature à compromettre les intérêts de la compagnie, elle peut, conformément à l'art. 32 du décret du 28 février 1852, exiger son remboursement intégral. Dans le cas où ces faits n'auraient pas été dénoncés dans le délai fixé ci-dessus, la société aura droit, en outre, à l'indemnité déterminée par le dernier § de l'art. 75.

Art. 77. La dette deviendrait également exigible en cas de dissimulation, par l'emprunteur, des causes d'hypothèque légale qui peuvent grever, de son chef, les biens donnés en garantie.

Art. 78. En cas d'aliénation de l'immeuble hypothéqué à la compagnie, le débiteur doit substituer le nouveau propriétaire dans ses obligations vis-à-vis de la société.

Art. 79. Toutes les propriétés affectées à la garantie de la société, qui sont susceptibles de périr par le feu, doivent être assurées contre l'incendie, aux frais de l'emprunteur.

L'acte de prêt contient transport de l'indemnité en cas de sinistre.

L'assurance doit être maintenue pendant toute la durée du prêt.

Le Crédit foncier de France peut demander que l'assurance soit faite en son nom, et le montant des charges annuelles acquitté par ses mains.

Dans ce cas, le chiffre des annuités est augmenté d'autant.

Art. 80. En cas de sinistre, l'indemnité est touchée directement par le Crédit foncier de France.

Si, dans le délai d'un an, à partir du règlement du sinistre, l'emprunteur a fait rétablir l'immeuble dans son état primitif, la société devra lui remettre la somme qu'elle aura reçue pour indemnité. A défaut par lui d'avoir usé de cette faculté dans ledit délai, la société aura le droit de retenir ladite indemnité et de l'imputer sur le montant de sa créance, comme paiement fait par anticipation. Dans ce dernier cas, il n'y aura lieu pour la société de percevoir l'indemnité de 3 p. 100 stipulée par le dernier § de l'art. 75. —

Lorsque, dans ce dernier cas, le Crédit foncier de France juge que, par l'effet du sinistre, ses sûretés sont compromises pour ce qui lui reste dû, elle peut en exiger le paiement.

Art. 81. Tout propriétaire qui demande à contracter un emprunt doit produire :

1° Les titres de propriété de son immeuble ;

2° La copie certifiée de la matrice cadastrale ;

3° Les baux ou l'état des locations, s'il en existe, avec indication des fermages et loyers payés d'avance ;

4° La déclaration signée par lui des revenus et des charges ;

5° La cote des contributions de l'année courante, ou, à son défaut, celle de la dernière année ;

6° La police d'assurance contre l'incendie ;

7° Un état d'inscription constatant la situation hypothécaire ;

8° La déclaration de son état civil, s'il est ou a été marié, ou tuteur.

Art. 82. Après examen de ces documents, le conseil d'administration fait procéder, s'il y a lieu, à une estimation de l'immeuble offert en garantie.

Art. 83. L'évaluation de l'immeuble est faite sur la double base du revenu net et du prix vénal.

Art. 84. Lorsque le conseil est fixé sur la régularité de la propriété et sur la solidité du gage, il détermine la proportion du prêt à faire, et il est procédé à la réalisation du contrat conditionnel, conformément à l'art. 8 du décret du 28 février 1852.

Art. 85. Après l'accomplissement des formalités de purge prescrites par le décret du 28 février 1852, titre IV, un acte, fait à la suite du contrat conditionnel, constate sa nullité ou sa réalisation définitive, suivant qu'il s'est ou non révélé une inscription ou un droit réel grevant l'immeuble hypothéqué.

Dans le premier cas, cet acte est signé par la compagnie seule, et contient mainlevée de l'inscription prise à son profit.

Dans le second cas, l'acte est signé par la compagnie et par l'emprunteur; il énonce l'accomplissement des formalités, la remise des valeurs formant le montant du prêt et le point de départ des intérêts.

Le visa des obligations foncières est donné en vertu de l'acte de réalisation définitive du prêt.

Art. 86. Les frais du contrat de prêt, de l'acte définitif, de l'inscription hypothécaire et de la purge sont à la charge de l'emprunteur. Les frais du contrat conditionnel, de l'inscription hypothécaire, de la purge, de l'acte annulant le contrat conditionnel et de la radiation de l'inscription sont, dans tous les cas, à la charge de l'emprunteur.

Formule d'une demande d'emprunt.

NOTA. Cette formule est textuellement celle adoptée par le Crédit foncier de France.

———

M. (1)
demeurant à (2)

demande au **Crédit foncier de France** *un prêt de*
remboursable en (3) *années par un nombre égal d'annuités comprenant à la fois l'intérêt, la somme nécessaire à l'amortissement du capital, et l'allocation pour frais d'administration* (4).

BIENS OFFERTS EN GARANTIE (5).

VALEUR VÉNALE DES BIENS (6).

TITRES PRODUITS À L'APPUI DE LA DEMANDE (7).

Me........ *notaire à* *Signature du demandeur.*

———

(1) Nom, prénoms, qualités ou profession.

(2) Indication du domicile.

(3) Indiquer la durée du prêt, en consultant les tables d'annuités qui composent le chapitre II, pages 37 et suivantes, si l'on désire conserver les conditions premières, et la convention homologuée par le décret du 10 décembre 1852, pages 30 et suivantes, si l'on veut contracter aux conditions nouvelles moyennant *cinq pour cent d'annuité*, tout compris, pour cinquante années.

(4) Indiquer ici si l'on adopte les conditions nouvelles ou anciennes.

(5) Indiquer la consistance des biens et leur situation, avec une désignation sommaire des bâtiments et la contenance superficielle.

(6) Déclarer la valeur des biens offerts en garantie.

(7) Indiquer avec détail les documents produits.

Tout propriétaire qui demande à contracter un emprunt doit produire :

1° Un établissement de propriété sur papier libre et les titres de propriété de son immeuble ;

2° La copie certifiée de la matrice cadastrale ;

3° Les baux ou l'état des locations, s'il en existe, avec indication des fermages et loyers payés d'avance ;

4° La déclaration signée par lui des revenus et des charges ;

5° La cote des contributions de l'année courante, ou, à son défaut, celle de la dernière année ;

6° La police d'assurance contre l'incendie ;

7° Un état d'inscriptions constatant la situation hypothécaire ;

8° La déclaration de son état civil, s'il est ou a été marié ou tuteur, et son contrat de mariage.

Convention passée entre le ministre de l'intérieur, de l'agriculture et du commerce, et la Banque foncière de Paris, société de crédit foncier.

Entre :

M. le ministre de l'intérieur, de l'agriculture et du commerce,

Et MM. d'Eichthal, Emile Péreire et Wolowski,

Les deux premiers, membres du conseil d'administration, et le dernier, directeur de la banque foncière de Paris, agissant pour et au nom du conseil d'administration de ladite compagnie, et à charge de ratification par l'assemblée générale des actionnaires,

A été convenu ce qui suit :

Art. 1er. Le privilége accordé à la Banque foncière de Paris, par le décret du 28 mars dernier, est étendu à tous les départements où il n'existe pas de société de crédit foncier.

La Banque foncière de Paris prend le nom de Crédit foncier de France.

Art. 2. Le capital du Crédit foncier de France devra être porté à 60 millions de francs, dont 15 millions seront immédiatement souscrits en dehors des 10 millions déjà émis.

5 millions pourront encore être émis par décision du conseil d'administration dans le courant d'une année, et le surplus quand la société aura atteint le chiffre de 600 millions d'affaires, de manière à ce que le chiffre des actions émises se maintienne dans la proportion de 5 millions par chaque 100 millions d'obligations.

Art. 3. Il est accordé par le Gouvernement à la Société du crédit foncier de France, en vertu du décret du 27 mars 1852, une subvention de 10 millions de francs, qui sera versée proportionnellement à l'importance des prêts effectués conformément à l'article suivant.

Art. 4. Le Crédit foncier de France s'engage à prêter sur hypothèque jusqu'à concurrence de 200 millions de francs, à raison d'une annuité de cinq pour cent qui comprendra l'intérêt, l'amortissement et les frais d'administration, et qui éteindra la dette en cinquante années.

Art. 5. Après le placement des 200 millions ci-dessus mentionnés, la Société continuera de prêter, d'après les bases indiquées dans le précédent article, lors même que, pour se procurer les fonds nécessaires, elle serait obligée d'affecter au service de ses obligations émises, jusqu'à concurrence d'un quart, la part qui lui est allouée à titre de frais d'administration.

Art. 6. La somme de 200 millions de francs que la Société s'engage à prêter aux termes de l'art. 4 sera distribuée entre les divers départements proportionnellement à la dette hypothécaire actuellement inscrite. L'état de cette distribution sera soumis au ministre de l'intérieur.

Cette proportionnalité cessera pour ceux des départements où il n'aura pas été formé, avant le 1er janvier 1854, des demandes d'emprunt s'élevant à la part qui leur sera attribuée en vertu du présent article.

La somme restant libre par défaut de demande dans un ou plusieurs départements sera répartie, dans les mêmes proportions, entre les autres départements.

Art. 7. Lorsque l'annuité demandée aux emprunteurs ne dépassera pas le taux fixé par les articles 4 et 5, les remboursements anticipés seront effectués, soit en obligations foncières au pair, de même nature et de même année d'émission que les titres créés en représentation de l'emprunt, soit en numéraire pour une somme égale à celle que la compagnie aura à payer aux porteurs de ses obligations, en capital et prime.

Néanmoins, dans ce dernier cas, il sera fait remise à l'emprunteur, sur le montant total de la prime, de 1 1/2 p. 0/0 pour chaque année écoulée depuis l'emprunt jusqu'au remboursement.

La prime ne pourra dépasser 20 p. 0/0.

Dans tous les cas de remboursement anticipé prévus par le présent article, l'indemnité allouée à la compagnie par l'article 75 des statuts sera réduite à 2 p. 0/0.

Il n'est pas dérogé à l'article 80 des statuts pour les remboursements anticipés qui auront lieu en cas de sinistres.

Art. 8. La société s'engage, en outre, en faveur des emprunteurs qui voudront se réserver l'option de se libérer par anticipation, en obligations, conformément à l'article 75 des statuts, ou en numéraire sans autre indemnité que celle stipulée par ledit article, à continuer à prêter moyennant cinquante annuités de 5 fr. 45 cent. p. 0/0, ou dans la proportion si le délai est plus court, lors même que, pour se procurer les fonds nécessaires, elle serait obligée d'abandonner le quart de la somme allouée pour frais d'administration.

Si la Société se trouvait dans la nécessité d'élever l'annuité au-dessus du taux de 5 fr. 45 cent. pour cinquante années, ou dans la proportion pour un délai plus court, elle devrait toujours abandonner à l'emprunteur le quart desdits frais d'administration.

Art. 9. Le bénéfice qui pourra être réalisé par la Société sur la négociation des obligations sera consacré, pour moitié, à la composition d'un fonds spécial de réserve, destiné à maintenir l'intérêt au taux le plus favorable aux emprunteurs.

Art. 10. Le présent traité devra être homologué par un décret.

Fait double à Paris, le 18 novembre 1852.

Signé F. DE PERSIGNY,

Emile PEREIRE, Ad. D'EICHTHAL, WOLOWSKI.

***

Rapport du ministre de l'intérieur, de l'agriculture et du commerce, à S. M. l'Empereur.

Sire,

La pensée capitale de votre décret du 28 février 1852 a été de réduire le taux de l'intérêt de l'argent, et de le mettre progressivement en rapport avec le revenu de la terre. C'était répondre à cette grande pensée qui prouve toute votre sollicitude pour les populations agricoles que de vous offrir une combinaison de nature à réaliser immédiatement les immenses bienfaits du Crédit foncier.

Cette combinaison consiste d'abord dans la création d'un grand établissement central ayant son siége à Paris, ce vaste marché des capitaux, embrassant dans sa circonscription la presque totalité de la France; ayant des succursales ou des directions dans chaque ressort de cour impériale, et émettant des obligations sur un type unique, qui en rende la circulation facile. Un tel établissement est, à coup sûr, le meilleur instrument de crédit qui puisse être mis à la disposition de la propriété foncière, et le plus en état d'amener l'abaissement du taux de l'intérêt.

Ce principe une fois admis, la Banque foncière de Paris était tout naturellement appelée à remplir cette mission. Elle y avait d'autant plus de droit, qu'elle est venue spontanément offrir d'effectuer les prêts à des conditions que nulle autre société n'était en mesure de réaliser au profit des emprunteurs.

Ces conditions, acceptées par Votre Majesté, sont devenues l'objet de la convention du 10 novembre, en vertu de laquelle la Banque foncière de Paris prend désormais le titre de Crédit foncier de France.

Par cette convention, la Banque foncière de Paris s'engage à prêter sur hypothèque jusqu'à concurrence de 200 millions de francs, à raison d'une annuité de 5 p. 100, comprenant l'intérêt, l'amortissement, les frais d'administration, et qui éteindra absolument la dette en cinquante années.

Ces 200 millions, répartis entre tous les départements proportionnellement à l'importance des charges réelles qui grèvent la propriété foncière, vont donner le plus heureux essor

à la transformation si désirable de la dette hypothécaire actuelle, qui, par le service d'un intérêt élevé, souvent usuraire,
en même temps que par l'obligation de rembourser à courte
échéance, constitue une des causes les plus vivaces de la mi-
sère de nos campagnes et des souffrances de l'agriculture.

Mais l'engagement de la compagnie n'est pas limité à cette
somme de 200 millions, si inférieure au montant de la dette
hypothécaire qui grève le sol. Il importait à votre Gouvernement de stipuler des garanties, pour qu'après l'épuisement
des 200 millions les prêts continuassent aux mêmes conditions. Aussi, la Société est-elle tenue de prêter sur les mêmes
bases, alors même que, pour le placement de ses obligations,
elle serait forcée de sacrifier un quart sur ses frais d'administration.

Voici, dans le système adopté par la Compagnie, comment
se décompose l'annuité de 5 p. 100 :

L'intérêt du prêt y figure pour. . . . . 3 fr. 67 c.
Les frais d'administration alloués à la Société
par le décret du 28 mars 1852 pour. . . . . . . » 60
L'amortissement pour. . . . . » 73
Total égal. . . . . . . 5 »»

Toutefois, comme, dans l'état présent du crédit public, il
serait impossible à la Société de trouver des capitaux à emprunter au-dessous de 4 p. 100, d'intérêt, la convention assure
une subvention de 10 millions, celle-là même que vous avez
affectée à l'encouragement des établissements de crédit foncier par votre décret du 27 mars 1852; il paraîtrait difficile
de lui assigner un meilleur emploi.

L'article 7 de la convention contient une modification des
statuts de la Société rendue nécessaire par le système de lots
et primes, qui est une des bases principales du mode d'emprunt auquel elle est obligée de recourir.

Le remboursement anticipé peut toujours avoir lieu, soit en
obligations foncières, soit en numéraire; mais, dans le premier cas, il est de toute nécessité, pour que toutes les obligations puissent être éteintes en cinquante ans au plus, que
celles données en paiement soient de même nature et de la
même année d'émission que celles créées en représentation
de l'emprunt. Dans le second cas, il est de toute justice que
la somme remboursée soit équivalente à celle que la Société
aura elle-même à rembourser aux porteurs des obligations
dont le remboursement anticipé amène l'extinction; autrement la Société ferait une perte irréparable.

C'est là, sans doute, une charge que le Gouvernement aurait
voulu éviter à l'emprunteur; mais la combinaison, sur laquelle
repose l'annuité réduite à 5 p. 100, ne permet pas de la faire
complétement disparaître. Le Gouvernement, à moins de rejeter

une combinaison essentiellement avantageuse aux emprunteurs, ne pouvait ici qu'apporter des atténuations. Néanmoins, à l'aide de limitations sagement combinées, l'intérêt même de l'emprunteur qui voudra déroger au contrat par un remboursement anticipé se trouve convenablement ménagé.

C'est dans cette vue aussi qu'il a été stipulé que, dans tous les cas de remboursement anticipé, l'indemnité allouée à la Société par l'art. 75 des statuts serait réduite à 2 p. 100; qu'aucune indemnité ne serait due en cas de remboursement par suite d'un sinistre; que les emprunteurs auraient le droit de ne point contracter sous l'empire de la combinaison nouvelle, et de s'en référer aux premiers statuts, en payant à la Compagnie une annuité basée sur le pied de 5 fr. 45 c. pour cinquante années; qu'ils pourraient même exiger que ce taux ne fût pas dépassé tant que la compagnie ne perdrait pas au delà du quart de ses frais d'administration.

Enfin, et pour garantir plus sûrement encore à la propriété foncière la continuation des prêts à ces conditions avantageuses, l'article 9 de la convention porte que le bénéfice qui pourra être réalisé par la Compagnie sur la négociation des obligations sera consacré, pour moitié, à la composition d'un fonds spécial de réserve destiné à maintenir l'intérêt au taux le plus favorable aux emprunteurs.

Vous jugerez, sans doute, Sire, qu'une grande institution qui peut, par l'incorporation des Sociétés déjà autorisées, devenir l'unique dispensateur des bienfaits du crédit foncier, assure bien mieux que de nombreuses sociétés, disséminées dans toute la France, les résultats que nous cherchons, et qui seront plus promptement atteints par les énormes ressources de crédit et de capitaux dont elle disposera dans une ville comme Paris, au centre de toutes les grandes affaires.

La combinaison proposée par la compagnie sera le premier remède au mal que votre Gouvernement désire si ardemment guérir, 5 p. 100 tout compris, et une libération complète dans une période de cinquante années, c'est un progrès considérable dans nos habitudes financières, c'est le signal d'une révolution économique dont la France appréciera bientôt les avantages et vous reportera tout l'honneur. Il a fallu, en effet, votre puissante initiative, votre persistance énergique dans la volonté de faire le bien, et la sécurité qu'inspire votre Gouvernement, pour rendre possible la combinaison qui permet d'obtenir de si grands résultats.

Ainsi donc, et grâce à vous, Sire, on peut dès ce moment prévoir le jour où le sol sera affranchi de la dette hypothécaire que lui ont léguée les siècles.

La convention dont il s'agit et le décret homologatif ont été soumis à l'examen du conseil d'État; si Votre Majesté daigne les approuver, je la prie de vouloir bien revêtir de sa signature le décret ci-joint.

Daignez agréer, Sire, l'hommage du plus profond respect avec lequel j'ai l'honneur d'être de Votre Majesté, le très-humble et très-obéissant serviteur et sujet.

Le ministre de l'intérieur, de l'agriculture et du commerce,
F. DE PERSIGNY.

———

Napoléon, par la grâce de Dieu et la volonté nationale, Empereur des Français,

A tous présents et à venir, salut.

Sur le rapport de notre ministre secrétaire d'Etat au département de l'intérieur, de l'agriculture et du commerce,

Le conseil d'Etat entendu,

Avons décrété et décrétons ce qui suit :

Art. 1er. Est approuvée la convention passée, le 18 novembre 1852, entre notre ministre secrétaire d'Etat au département de l'intérieur, de l'agriculture et du commerce, et la Banque foncière de Paris, qui prend à l'avenir le titre de Crédit foncier de France.

Art. 2. Le privilége accordé à cette Société par le décret du 28 mars dernier, est étendu à tous les départements où il n'existe pas de société de crédit foncier.

La compagnie pourra, sauf l'approbation du Gouvernement, s'incorporer les sociétés de crédit foncier établies.

Art. 3. Il est accordé, en vertu du décret du 27 mars dernier, à la Société de Crédit foncier de France, une subvention de 10 millions de francs, qui sera versée proportionnellement à l'importance des prêts effectués.

Art. 4. Avant le 1er juillet 1853, il sera établi dans chaque ressort de cour impériale une succursale ou direction.

L'établissement de la succursale ou direction sera préalablement soumis à l'approbation de notre ministre secrétaire d'Etat au département de l'intérieur, de l'agriculture et du commerce.

Art. 5. Notre ministre secrétaire d'Etat au département de l'intérieur, de l'agriculture et du commerce, et notre ministre secrétaire d'Etat, au département des finances, sont chargés, chacun en ce qui le concerne, de l'exécution du présent décret.

Fait au palais des Tuileries, le 10 décembre 1852.
NAPOLÉON.

Par l'Empereur :
Le ministre de l'intérieur, de l'agriculture et du commerce,
F. DE PERSIGNY.

[illegible]

[illegible]

[illegible]

[illegible]

[illegible]

[illegible]

[illegible]

[illegible]

[illegible]

CHAPITRE II.

CE CHAPITRE COMPREND 5 TABLES D'ANNUITÉS :

La première est calculée au taux de 4 p. 100 d'intérêts.
La deuxième   -   id.   4 1/4   id.
La troisième   id.   4 1/2   id.
La quatrième   id.   4 3/4   id.
La cinquième   id.   5   id.

L'annuité est une somme que l'emprunteur paye tous les ans, pendant un certain nombre d'années, pour se libérer du capital emprunté et des intérêts produits par ce capital pendant le même nombre d'années.

L'annuité est payable : soit en deux fois par moitié et par semestre, les premier janvier et premier juillet ; soit en une seule fois le premier janvier de chaque année, selon les conventions stipulées par les sociétés de crédit foncier.

AVIS IMPORTANT.

Les frais d'administration, qui sont, du reste, susceptibles de variations, sans, toutefois, qu'ils puissent excéder 0 f. 60 c. pour 100 par an, ne sont pas compris dans les tables ; il faudra les ajouter au montant de l'annuité.

NOTA. Voir en regard de chaque table la manière de s'en servir.

USAGE DE LA TABLE CI-CONTRE.

Cette table donne le montant des annuités à payer pendant un certain nombre d'années qui est de vingt au moins et de cinquante au plus; pour se libérer d'un capital de 100 ou de 1,000 fr. au taux de 4 p. 100 d'intérêts.

Elle est en deux parties : la première donne les annuités à payer en deux fois, c'est-à-dire, par moitié et par semestre; la seconde donne les annuités payables en une seule fois, chaque année.

Premier exemple.

Combien doit-on payer par semestre pour se libérer en 45 années d'un capital de 25,000 fr.?

Prenez dans la première partie et dans la colonne intitulée pour 1,000 fr. le nombre correspondant au chiffre des annuités à payer et qui est, ici, de 45; vous trouverez 48 f. 092 millièmes, qui, multipliés par 25, donnent pour produit 1,202 fr. 30 c. dont la moitié est de 601 fr. 15 c. qu'il faudra payer chaque semestre, pendant 45 ans.

Deuxième exemple.

Combien doit-on payer chaque année pour se libérer en 45 ans d'un capital de 25,000 fr.?

Prenez dans la seconde partie et dans la colonne intitulée pour 1,000 fr. le nombre qui est vis-à-vis 45, vous trouverez 48 fr. 2625 dix-millièmes, qui, multipliés par 25, donnent pour produit 1,206 fr. 56 c. qu'il faudra payer chaque année pendant 45 ans.

NOTA. Ajouter à l'annuité le chiffre fixé, par la Société, pour frais d'administration : o fr. 6o cent. pour 100 fr.

1ʳᵉ TABLE D'ANNUITÉS :
Intérêts à 4 pour 100.

NOMBRE d'annuités à payer.	ANNUITÉS PAYABLES			
	EN DEUX FOIS.		EN UNE FOIS.	
	pour 100 f.	pour 1000 f.	pour 100 f.	pour 1000 f.
20	7. 31115	73. 1115	7. 35817	73. 5817
21	7. 08346	70. 8346	7. 12801	71. 2801
22	6. 87760	68. 7760	6. 91990	69. 1990
23	6. 69070	66. 9070	6. 73090	67. 3090
24	6. 52037	65. 2037	6. 55868	65. 5868
25	6. 36464	63. 6464	6. 40120	64. 0120
26	6. 22182	62. 2182	6. 25674	62. 5674
27	6. 09045	60. 9045	6. 12385	61. 2385
28	5. 96932	59. 6932	6. 00130	60. 0130
29	5. 85732	58. 5732	5. 88800	58. 8800
30	5. 75359	57. 5359	5. 78300	57. 8300
31	5. 65729	56. 5729	5. 68554	56. 8554
32	5. 56771	55. 6771	5. 59486	55. 9486
33	5. 48425	54. 8425	5. 51036	55. 1036
34	5. 40634	54. 0634	5. 43148	54. 3148
35	5. 33354	53. 3354	5. 35773	53. 5773
36	5. 26537	52. 6557	5. 28869	52. 8869
37	5. 20147	52. 0147	5. 22396	52. 2396
38	5. 14150	51. 4150	5. 16320	51. 6320
39	5. 08516	50. 8516	5. 10608	51. 0608
40	5. 03214	50. 3214	5. 05235	50. 5235
41	4. 98222	49. 8222	5. 00174	50. 0174
42	4. 93516	49. 3516	4. 95402	49. 5402
43	4. 89078	48. 9078	4. 90899	49. 0899
44	4. 84883	48. 4885	4. 86645	48. 6645
45	4. 80920	48. 0920	4. 82625	48. 2625
46	4. 77172	47. 7172	4. 78820	47. 8820
47	4. 73624	47. 3624	4. 75219	47. 5219
48	4. 70262	47. 0262	4. 71806	47. 1806
49	4. 67077	46. 7077	4. 68571	46. 8571
50	4. 64055	46. 4055	4. 65502	46. 5502

USAGE DE LA TABLE CI-CONTRE.

Cette table donne le montant des annuités à payer pendant un certain nombre d'années, qui est de vingt au moins et de cinquante au plus, pour se libérer d'un capital de 100 ou de 1,000 fr. au taux de 4 1/4 p. 100 d'intérêts.

Elle est en deux parties : la première donne les annuités à payer en deux fois, c'est-à-dire, par moitié et par semestre, la seconde donne les annuités payables en une seule fois chaque année.

Premier exemple.

Combien doit-on payer par semestre pour se libérer en 35 ans d'un capital de 800 fr. ?

Prenez dans la première partie, et dans la colonne intitulée pour 100 fr. le nombre correspondant au chiffre des annuités à payer et qui est ici de 35, vous trouverez 5 fr. 5158 dix-millièmes, qui, multipliés par 8, donnent pour produit 44 fr. 13 c. qu'on devra payer par moitié et par semestre pendant 35 ans.

Deuxième exemple.

Combien doit-on payer, chaque année, pour se libérer en 35 ans d'un capital de 800 fr. ?

Prenez dans la seconde partie et dans la colonne intitulée pour 100 fr. le nombre qui est vis-à-vis 35, vous trouverez 5 fr. 541 millièmes, qui, multipliés par 8, donnent pour produit 44 fr. 33 c. qu'il faudra payer, chaque année, pendant 35 ans.

NOTA. Ajouter à l'annuité le chiffre fixé par la Société, pour frais d'administration : o fr. 60 cent. pour 100 fr.

2ᵉ TABLE D'ANNUITÉS :
Intérêts à 4 1/4 pour 100.

NOMBRE d'annuités à payer	ANNUITÉS PAYABLES			
	EN DEUX FOIS.		EN UNE FOIS.	
	pour 100 f.	pour 1000 f.	pour 100 f.	pour 1000 f.
20	7. 47237	74. 7237	7. 52198	75. 2198
21	7. 24611	72. 4611	7. 29308	72. 9308
22	7. 04168	70. 4168	7. 08623	70. 8623
23	6. 85621	68. 5621	6. 89855	68. 9855
24	6. 68732	66. 8732	6. 72763	67. 2763
25	6. 53303	65. 3303	6. 57145	65. 7145
26	6. 39163	63. 9163	6. 42831	64. 2831
27	6. 26168	62. 6168	6. 29673	62. 9673
28	6. 14195	61. 4195	6. 17550	61. 7550
29	6. 03138	60. 3138	6. 06350	60. 6350
30	5. 92904	59. 2904	5. 95983	59. 5983
31	5. 83412	58. 3412	5. 86366	58. 6366
32	5. 74591	57. 4591	5. 77428	57. 7428
33	5. 66381	56. 6381	5. 69107	56. 9107
34	5. 58727	55. 8727	5. 61347	56. 1347
35	5. 51580	55. 1580	5. 54100	55. 4100
36	5. 44896	54. 4896	5. 47322	54. 7322
37	5. 38638	53. 8638	5. 40974	54. 0974
38	5. 32771	53. 2771	5. 35023	53. 5023
39	5. 27265	52. 7265	5. 29435	52. 9435
40	5. 22091	52. 2091	5. 24184	52. 4184
41	5. 17225	51. 7225	5. 19244	51. 9244
42	5. 12644	51. 2644	5. 14592	51. 4592
43	5. 08327	50. 8327	5. 10207	51. 0207
44	5. 04255	50. 4255	5. 06071	50. 6071
45	5. 00412	50. 0412	5. 02166	50. 2166
46	4. 96782	49. 6782	4. 98476	49. 8476
47	4. 93350	49. 3350	4. 94987	49. 4987
48	4. 90104	49. 0104	4. 91686	49. 1686
49	4. 87032	48. 7032	4. 88561	48. 8561
50	4. 84122	48. 4122	4. 85600	48. 5600

2*

USAGE DE LA TABLE CI-CONTRE.

Cette table donne le montant des annuités à payer pendant un certain nombre d'années, qui est de vingt au moins et de cinquante au plus, pour se libérer d'un capital de 100 ou de 1,000 fr., au taux de 4 1/2 pour 100 d'intérêts.

Elle est en deux parties : la première donne les annuités à payer en deux fois, c'est-à-dire, par moitié et par semestre ; la seconde donne les annuités payables en une seule fois chaque année.

Premier exemple.

Quelle est l'annuité qu'on doit payer par moitié et par semestre pour se libérer en 50 années d'un capital de 100,000 fr. ?

Prenez, dans la première partie et dans la colonne intitulée pour 1,000 fr., le chiffre qui correspond au nombre d'annuités à payer et qui est ici de 50 ; vous trouverez 50 fr. 4519 dix-millièmes) qui, multipliés par 100, donnent pour produit 5,045 fr. 19 c. : c'est l'annuité qu'on doit payer par moitié et par semestre, pendant 50 ans.

Deuxième exemple.

Quelle est l'annuité qu'on doit payer en une fois, chaque année, pour se libérer en 50 ans d'un capital de 100,000 fr. ?

Prenez, dans la seconde partie et dans la colonne intitulée pour 1,000 fr. le nombre qui est vis-à-vis 50 ; vous trouverez 50 fr. 6022, qui, multipliés par 100, donnent pour produit 5,060 fr. 22 c. qu'on doit payer chaque année pendant 50 ans.

NOTA. Ajouter à l'annuité le chiffre fixé par la Société pour frais d'administration : 0 fr. 45 cent. pour 100 fr.

3ᵉ TABLE D'ANNUITÉS :

Intérêts à 4 1/2 pour 100.

NOMBRE d'annuités à payer.	ANNUITÉS PAYABLES			
	EN DEUX FOIS.		EN UNE FOIS.	
	pour 100 f.	pour 1000 f.	pour 100 f.	pour 1000 f.
20	7. 63546	76. 3546	7. 68761	76. 8761
21	7. 41073	74. 1073	7. 46005	74. 6005
22	7. 20780	72. 0780	7. 25456	72. 5456
23	7. 02384	70. 2384	7. 06825	70. 6825
24	6. 85646	68. 5646	6. 89870	68. 9870
25	6. 70367	67. 0367	6. 74390	67. 4390
26	6. 56377	65. 6377	6. 60144	66. 0144
27	6. 43530	64. 3530	6. 47195	64. 7195
28	6. 31706	63. 1706	6. 35208	63. 5208
29	6. 20795	62. 0795	6. 24146	62. 4146
30	6. 10705	61. 0705	6. 13916	61. 3916
31	6. 01359	60. 1359	6. 04435	60. 4435
32	5. 92682	59. 2682	5. 95632	59. 5632
33	5. 84614	58. 4614	5. 87445	58. 7445
34	5. 77100	57. 7100	5. 79820	57. 9820
35	5. 70092	57. 0092	5. 72705	57. 2705
36	5. 63545	56. 3545	5. 66058	56. 6058
37	5. 57423	55. 7423	5. 59840	55. 9840
38	5. 51691	55. 1691	5. 54017	55. 4017
39	5. 46318	54. 6318	5. 48557	54. 8557
40	5. 41275	54. 1275	5. 43431	54. 3431
41	5. 36538	53. 6538	5. 38616	53. 8616
42	5. 32084	53. 2084	5. 34087	53. 4087
43	5. 27893	52. 7893	5. 29824	52. 9824
44	5. 23939	52. 3939	5. 25807	52. 5807
45	5. 20220	52. 0220	5. 22020	52. 2020
46	5. 16715	51. 6715	5. 18447	51. 8447
47	5. 13402	51. 3402	5. 15073	51. 5073
48	5. 10280	51. 0280	5. 11886	51. 1886
49	5. 07321	50. 7321	5. 08872	50. 8872
50	5. 04519	50. 4519	5. 06022	50. 6022

USAGE DE LA TABLE CI-CONTRE.

Cette table donne le montant des annuités à payer pendant un certain nombre d'années qui est de vingt au moins et de cinquante au plus ; pour se libérer d'un capital de 100 fr. ou de 1,000 fr. au taux de 4 3/4 p. 100.

Elle est en deux parties : la première donne les annuités à payer en deux fois, c'est-à-dire, par moitié et par semestre, la seconde donne les annuités payables, en une seule fois, chaque année.

Premier exemple.

Quelle est l'annuité à payer par moitié et par semestre pour se libérer en 40 ans d'un capital de 600 fr. ?

Prenez, dans la première partie et dans la colonne intitulée pour 100 fr., le chiffre correspondant au nombre d'annuités à payer, et qui est ici de 40 ; vous trouverez 5 fr. 60755 qui, multipliés par 6, donnent pour produit 33 fr. 65 c. : c'est l'annuité qu'on doit payer, par moitié et par semestre, pendant 40 ans.

Deuxième exemple.

Quelle est l'annuité à payer, en une fois, chaque année, pour se libérer en 40 ans, d'un capital de 600 fr. ?

Prenez dans la seconde partie et dans la colonne intitulée pour 100 fr. le nombre qui est vis-à-vis 40, vous trouverez 5 fr. 62969 qui, multipliés par 6, donnent pour produit 33 fr. 78 c. ; c'est l'annuité qu'on doit payer, chaque année, pendant 40 ans.

NOTA. Ajouter à l'annuité le chiffre fixé par la Société pour frais d'administration : 0 fr. 45 cent. pour 100 fr.

4ᵉ TABLE D'ANNUITÉS :
Intérêts à 4 3/4 pour 100.

NOMBRE d'annuités à payer.	ANNUITÉS PAYABLES			
	EN DEUX FOIS.		EN UNE FOIS.	
	pour 100 f.	pour 1000 f.	pour 100 f.	pour 1000 f.
20	7. 80044	78. 0044	7. 85505	78. 5505
21	7. 57728	75. 7728	7. 62891	76. 2891
22	7. 37594	73. 7594	7. 42485	74. 2485
23	7. 19357	71. 9357	7. 23997	72. 3997
24	7. 02777	70. 2777	7. 07187	70. 7187
25	6. 87654	68. 7654	6. 91851	69. 1851
26	6. 73820	67. 3820	6. 77820	67. 7820
27	6. 61130	66. 1130	6. 64944	66. 4944
28	6. 49458	64. 9458	6. 53102	65. 3102
29	6. 38700	63. 8700	6. 42183	64. 2183
30	6. 28763	62. 8763	6. 32095	63. 2095
31	6. 19565	61. 9565	6. 22755	62. 2755
32	6. 11037	61. 1037	6. 14093	61. 4093
33	6. 03116	60. 3116	6. 06046	60. 6046
34	5. 95747	59. 5747	5. 98558	59. 8558
35	5. 88882	58. 8882	5. 91580	59. 1580
36	5. 82477	58. 2477	5. 85068	58. 5068
37	5. 76495	57. 6495	5. 78984	57. 8984
38	5. 70901	57. 0901	5. 73294	57. 3294
39	5. 65664	56. 5664	5. 67963	56. 7963
40	5. 60755	56. 0755	5. 62969	56. 2969
41	5. 56150	55. 6150	5. 58279	55. 8279
42	5. 51827	55. 1827	5. 53876	55. 3876
43	5. 47764	54. 7764	5. 49736	54. 9736
44	5. 43943	54. 3943	5. 45842	54. 5842
45	5. 40346	54. 0346	5. 42175	54. 2175
46	5. 36958	53. 6958	5. 38720	53. 8720
47	5. 33765	53. 3765	5. 35463	53. 5463
48	5. 30754	53. 0754	5. 32390	53. 2390
49	5. 27913	52. 7913	5. 29489	52. 9489
50	5. 25229	52. 5229	5. 26749	52. 6749

USAGE DE LA TABLE CI-CONTRE.

Cette table donne le montant des annuités à payer pendant un certain nombre d'années, qui est de vingt au moins et de cinquante au plus ; pour se libérer d'un capital de 100 fr. ou de 1,000 fr., au taux de 5 pour 100 d'intérêts.

Elle est en deux parties : la première donne les annuités à payer en deux fois, c'est-à-dire, par moitié et par semestre ; la seconde donne les annuités payables en une seule fois chaque année.

Premier exemple.

Quelle est l'annuité à payer par moitié et par semestre pour se libérer en 33 ans d'un capital de 5,000 fr. ?

Prenez, dans la première partie et dans la colonne intitulée pour 1,000 fr. le chiffre correspondant au nombre d'annuités à payer, et qui est ici de 33 ; vous trouverez 62 fr. 1880 qui, multipliés par 5, donnent pour produit 310 fr. 94 c. ; c'est l'annuité qu'on doit payer par moitié et par semestre, pendant 33 ans.

Deuxième exemple.

Quelle est l'annuité à payer en une fois, chaque année, pour se libérer, en 33 ans, d'un capital de 5,000 fr. ?

Prenez, dans la seconde partie et dans la colonne intitulée pour 1,000 fr., le nombre qui est vis-à-vis 33 ; vous trouverez 62 fr. 49 c. qui, multipliés par 5, donnent pour produit 312 fr. 45 c. : c'est l'annuité qu'on doit payer, chaque année, pendant 33 ans.

Nota. Ajouter à l'annuité le chiffre fixe par la Société pour frais d'administration : o fr. 45 cent. pour 100 fr.

5ᵉ TABLE D'ANNUITÉS :
Intérêts à 5 pour 100.

NOMBRE d'annuités à payer.	ANNUITÉS PAYABLES.			
	EN DEUX FOIS.		EN UNE FOIS.	
	pour 100 f.	pour 1000 f.	pour 100 f.	pour 1000 f.
20	7. 96725	79. 6725	8. 02426	80. 2426
21	7. 74575	77. 4575	7. 79961	77. 9961
22	7. 54607	75. 4607	7. 59705	75. 9705
23	7. 36535	73. 6535	7. 41368	74. 1368
24	7. 20120	72. 0120	7. 24709	72. 4709
25	7. 05161	70. 5161	7. 09528	70. 9528
26	6. 91489	69. 1489	6. 95644	69. 5644
27	6. 78960	67. 8960	6. 82920	68. 2920
28	6. 67448	66. 7448	6. 71225	67. 1225
29	6. 56849	65. 6849	6. 60455	66. 0455
30	6. 47068	64. 7068	6. 50515	65. 0515
31	6. 38024	63. 8024	6. 41322	64. 1322
32	6. 29650	62. 9650	6. 32805	63. 2805
33	6. 21880	62. 1880	6. 24900	62. 4900
34	6. 14660	61. 4660	6. 17555	61. 7555
35	6. 07942	60. 7942	6. 10707	61. 0707
36	6. 01684	60. 1684	6. 04345	60. 4345
37	5. 95844	59. 5844	5. 98398	59. 8398
38	5. 90391	59. 0391	5. 92842	59. 2842
39	5. 85293	58. 5293	5. 87646	58. 7646
40	5. 80521	58. 0521	5. 82781	58. 2781
41	5. 76051	57. 6051	5. 78223	57. 8223
42	5. 71860	57. 1860	5. 73947	57. 3947
43	5. 67926	56. 7926	5. 69933	56. 9933
44	5. 64233	56. 4233	5. 66162	56. 6162
45	5. 60762	56. 0762	5. 62617	56. 2617
46	5. 57497	55. 7497	5. 59282	55. 9282
47	5. 54425	55. 4425	5. 56142	55. 6142
48	5. 51532	55. 1532	5. 53184	55. 3184
49	5. 48807	54. 8807	5. 50396	55. 0396
50	5. 46238	54. 6238	5. 47767	54. 7767

[illegible]

CHAPITRE III.

Ce chapitre comprend cinq tables pour calculer aisément, à divers taux, les intérêts composés d'un capital quelconque.

La première est calculée au taux de 4   p. 100.
La deuxième   id.   4 1/4 p. 100.
La troisième   id.   4 1/2 p. 100.
La quatrième   id.   4 3/4 p. 100.
La cinquième   id.   5   p. 100.

Calculer des intérêts composés : c'est calculer la somme que produit, après un certain nombre d'années, un capital en capitalisant, chaque terme, les intérêts échus ; c'est-à-dire, en ajoutant, chaque terme, les intérêts au capital, et en prenant pour le terme suivant les intérêts du nouveau capital ainsi formé.

Les intérêts sont capitalisés chaque semestre ou chaque année, suivant que les annuités sont payées par semestre ou par année.

Les tables d'intérêts composés, combinées avec celles d'amortissement qui composent le chapitre 4, sont indispensables à tout emprunteur qui veut connaître sa position envers la société : soit après avoir fait des versements d'annuités ou des paiements d'à-compte par anticipation ; soit dans le cas où il aurait l'intention d'effectuer, par anticipation, des paiements pour solde.

USAGE DE LA TABLE CI-CONTRE.

Cette table donne le montant d'un capital de 1000 f., augmenté des intérêts composés, au taux de 4 p. 100, depuis 1 jusqu'à 50 ans.

Elle est en deux parties : Dans la première les intérêts sont capitalisés chaque semestre, dans la seconde ils sont capitalisés chaque année.

Premier exemple.

Quelle somme produira, après 48 ans, un capital de 25,000 fr. ; les intérêts, au taux de 4 p. 100 par an, étant capitalisés chaque semestre ?

Prenez, dans la colonne des intérêts capitalisés chaque semestre, le nombre qui correspond à 48 années ; vous trouverez 6,692 fr. 933 millièmes pour 1000 fr. : multipliez cette somme par 25, et vous aurez pour produit 167,323 fr. 33 c.

Deuxième exemple.

Quelle somme produira, après 48 ans, un capital de 25,000 fr. ; les intérêts, au même taux de 4 p. 100, étant capitalisés chaque année ?

Prenez, dans la colonne des intérêts capitalisés chaque année, le nombre correspondant à 48 ; vous trouverez 6,570 fr. 528 millièmes qui, multipliés par 25, donnent pour produit 164,253 fr. 20 c.

1re TABLE D'INTÉRÊTS COMPOSÉS :

Intérêts, à 4 pour 100.

INTÉRÊTS COMPOSÉS D'UN CAPITAL DE 1,000 FRANCS.

NOMBRE d'années écoulées.	LES INTÉRÊTS ÉTANT CAPITALISÉS.		NOMBRE d'années écoulées.	LES INTÉRÊTS ÉTANT CAPITALISÉS.	
	Chaque semestre.	Chaque année.		Chaque semestre.	Chaque année.
1	1040. 400	1040. 000	26	2800. 328	2772. 470
2	1082. 432	1081. 600	27	2913. 461	2883. 369
3	1126. 162	1124. 864	28	3031. 165	2998. 703
4	1171. 659	1169. 859	29	3153. 624	3118. 651
5	1218. 994	1216. 653	30	3281. 031	3243. 398
6	1268. 242	1265. 319	31	3413. 584	3373. 133
7	1319. 479	1315. 932	32	3551. 493	3508. 059
8	1372. 786	1368. 569	33	3694. 974	3648. 381
9	1428. 246	1422. 312	34	3844. 250	3794. 316
10	1485. 947	1480. 244	35	3999. 558	3946. 089
11	1545. 980	1539. 454	36	4161. 140	4103. 933
12	1608. 437	1601. 032	37	4329. 250	4268. 090
13	1673. 418	1665. 074	38	4504. 152	4438. 813
14	1741. 024	1731. 676	39	4686. 120	4616. 366
15	1811. 362	1800. 944	40	4875. 439	4801. 021
16	1884. 541	1872. 981	41	5072. 407	4993. 061
17	1960. 676	1947. 900	42	5277. 332	5192. 784
18	2039. 887	2025. 817	43	5490. 536	5400. 495
19	2122. 299	2106. 849	44	5712. 354	5616. 515
20	2208. 040	2191. 123	45	5943. 133	5841. 176
21	2297. 244	2278. 768	46	6183. 236	6074. 823
22	2390. 053	2369. 949	47	6433. 038	6317. 816
23	2486. 611	2464. 716	48	6692. 933	6570. 528
24	2587. 070	2563. 304	49	6963. 328	6833. 349
25	2691. 588	2665. 836	50	7244. 646	7106. 683

USAGE DE LA TABLE CI-CONTRE.

Cette table donne le montant d'un capital de 1000 f., augmenté des intérêts composés, au taux de 4 1/4 p. 100, depuis 1 jusqu'à 50 ans.

Elle est en deux parties : Dans l'une, les intérêts sont capitalisés chaque semestre ; dans l'autre, ils sont capitalisés chaque année.

Premier exemple.

Quelle somme produira, après 35 ans, un capital de 800 fr., les intérêts, au taux de 4 1/4 p. 100 par an, étant capitalisés chaque semestre?

Prenez, dans la colonne des intérêts capitalisés chaque semestre, le nombre qui correspond à 35 années ; vous trouverez 4,357 fr. 575 millièmes pour 1000 fr. Divisez ce nombre par 10, vous aurez 435 fr. 7,575 pour 100 fr., multipliez cette somme par 8, et vous aurez pour produit 3,486 fr. 6 c.

Deuxième exemple.

Quelle somme produira, après 35 ans, un capital de 800 fr., les intérêts au même taux de 4 1/4 p. 100, étant capitalisés chaque année?

Prenez, dans la colonne des intérêts capitalisés chaque année, le nombre qui correspond à 35 années ; vous trouverez 4,292 fr. 25 c. pour 1000 fr., soit 429 fr. 2,025 pour 100 fr., multipliez cette somme par 8, et vous aurez pour produit 3,433 fr. 62 c.

2ᵉ TABLE D'INTÉRÊTS COMPOSÉS :

Intérêts à 4 1/4 pour 100.

INTÉRÊTS COMPOSÉS D'UN CAPITAL DE 1,000 FRANCS.

NOMBRE d'années écoulées.	LES INTÉRÊTS ÉTANT CAPITALISÉS.		NOMBRE d'années écoulées.	LES INTÉRÊTS ÉTANT CAPITALISÉS.	
	Chaque semestre.	Chaque année.		Chaque semestre.	Chaque année.
1	1042. 952	1042. 500	26	2984. 473	2951. 057
2	1087. 748	1086. 806	27	3112. 660	3076. 477
3	1134. 468	1132. 996	28	3246. 354	3207. 228
4	1183. 196	1181. 148	29	3385. 790	3343. 535
5	1234. 016	1231. 347	30	3531. 215	3485. 635
6	1287. 019	1283. 679	31	3682. 886	3633. 774
7	1342. 298	1338. 235	32	3841. 072	3788. 210
8	1399. 952	1395. 110	33	4006. 052	3949. 209
9	1460. 082	1454. 402	34	4178. 118	4117. 050
10	1522. 795	1516. 214	35	4357. 575	4292. 025
11	1588. 201	1580. 654	36	4544. 740	4474. 436
12	1656. 417	1647. 831	37	4739. 943	4664. 600
13	1727. 563	1717. 864	38	4943. 531	4862. 845
14	1801. 764	1790. 873	39	5155. 864	5069. 516
15	1879. 153	1866. 986	40	5377. 316	5284. 970
16	1959. 865	1946. 332	41	5608. 280	5509. 581
17	2044. 045	2029. 052	42	5849. 165	5743. 739
18	2131. 840	2115. 286	43	6100. 395	5987. 848
19	2223. 405	2205. 186	44	6362. 417	6242. 331
20	2318. 904	2298. 906	45	6635. 693	6507. 630
21	2418. 505	2396. 619	46	6920. 706	6784. 204
22	2522. 383	2498. 466	47	7217. 961	7072. 533
23	2630. 723	2604. 650	48	7527. 984	7373. 116
24	2743. 717	2715. 348	49	7851. 322	7686. 473
25	2861. 564	2830. 750	50	8188. 549	8013. 148

USAGE DE LA TABLE CI-CONTRE.

Cette table donne le montant d'un capital de 1000 fr., augmenté des intérêts composés, au taux de 4 1/2 p. 100 par an, depuis 1 jusqu'à 50 ans.

Elle est en deux parties : Dans la première, les intérêts sont capitalisés chaque semestre ; dans la seconde, ils sont capitalisés chaque année.

Premier exemple.

Quelle somme produira, après 50 ans, un capital de 100,000 fr. ; les intérêts, au taux de 4 1/2 p. 100 par an, étant capitalisés chaque semestre ?

Prenez, dans la colonne des intérêts capitalisés par semestre, le nombre qui correspond à 50 années ; vous trouverez 9,254 fr. 046 millièmes pour 1000 fr. ; multipliez cette somme par 100, vous aurez pour produit 925,404 fr. 60 c.

Deuxième exemple.

Quelle somme produira, après 50 ans, un capital de 100,000 fr. ; les intérêts, au taux de 4 1/2 p. 100 par an, étant capitalisés chaque année ?

Prenez, dans la colonne des intérêts capitalisés chaque année, le nombre qui correspond à 50 années ; vous trouverez 9,032 fr. 636 millièmes pour 1000 fr. ; multipliez cette somme par 100, vous aurez pour produit 903,263 fr. 60 c.

3e TABLE D'INTÉRÊTS COMPOSÉS :

Intérêts à 4 1/2 pour 100.

INTÉRÊTS COMPOSÉS D'UN CAPITAL DE 1,000 FRANCS.

NOMBRE d'années écoulées.	LES INTÉRÊTS ÉTANT CAPITALISÉS.		NOMBRE d'années écoulées.	LES INTÉRÊTS ÉTANT CAPITALISÉS.	
	Chaque semestre.	Chaque année.		Chaque semestre.	Chaque année.
1	1045. 506	1045. 000	26	3180. 478	3140. 679
2	1093. 030	1092. 025	27	3325. 210	3282. 010
3	1142. 825	1141. 166	28	3476. 528	3429. 700
4	1194. 831	1192. 519	29	3634. 732	3584. 036
5	1249. 203	1246. 182	30	3800. 135	3745. 318
6	1306. 050	1302. 260	31	3973. 065	3913. 857
7	1365. 483	1360. 862	32	4153. 864	4089. 981
8	1427. 621	1422. 101	33	4342. 891	4274. 030
9	1492. 587	1486. 095	34	4540. 519	4466. 362
10	1560. 509	1552. 969	35	4747. 141	4667. 348
11	1631. 522	1622. 853	36	4963. 166	4877. 378
12	1705. 767	1695. 881	37	5189. 021	5096. 860
13	1783. 390	1772. 196	38	5425. 154	5326. 219
14	1864. 545	1851. 945	39	5672. 032	5565. 899
15	1949. 393	1935. 282	40	5930. 145	5816. 365
16	2038. 103	2022. 370	41	6200. 004	6078. 101
17	2130. 849	2113. 377	42	6482. 143	6351. 615
18	2227. 816	2208. 479	43	6771. 121	6637. 438
19	2329. 196	2307. 860	44	7085. 522	6936. 123
20	2435. 189	2411. 714	45	7407. 958	7248. 248
21	2546. 005	2520. 241	46	7745. 066	7574. 420
22	2661. 864	2633. 652	47	8097. 515	7915. 268
23	2782. 996	2752. 166	48	8466. 002	8271. 456
24	2909. 640	2876. 014	49	8851. 126	8643. 671
25	3042. 046	3003. 434	50	9254. 046	9032. 636

USAGE DE LA TABLE CI-CONTRE.

Cette table donne le montant d'un capital de 1000 fr., augmenté des intérêts composés, au taux de 4 3/4 p. 100, depuis 1 jusqu'à 50 ans.

Elle est en deux parties : Dans la première, les intérêts sont capitalisés chaque semestre ; dans la seconde, ils sont capitalisés chaque année.

Premier exemple.

Quelle somme produira, après 40 ans, un capital de 6,000 fr. ; les intérêts, au taux de 4 3/4 p. 100, étant capitalisés chaque semestre?

Prenez, dans la colonne des intérêts capitalisés chaque semestre, le nombre qui est vis-à-vis 40 années ; vous trouverez 6,539 fr. 026 millièmes pour 1000 fr. ; multipliez cette somme par 6, vous aurez pour produit 39,234 fr. 16 c.

Deuxième exemple.

Quelle somme produira, après 40 ans, un capital de 6,000 fr. ; les intérêts, au taux de 4 3/4 p. 100, étant capitalisés chaque année?

Prenez, dans la colonne des intérêts capitalisés chaque année, le nombre qui correspond à 40 années ; vous trouverez 6,399 fr. 724 millièmes pour 1000 fr. ; multipliez cette somme par 6, vous aurez pour produit 38,398 fr. 34 c.

4e TABLE D'INTÉRÊTS COMPOSÉS :

Intérêts à 4 3/4 pour 100.

INTÉRÊTS COMPOSÉS D'UN CAPITAL DE 1,000 FRANCS.

NOMBRE d'années écoulées.	LES INTÉRÊTS ÉTANT CAPITALISÉS.		NOMBRE d'années écoulées.	LES INTÉRÊTS ÉTANT CAPITALISÉS.	
	Chaque semestre.	Chaque année.		Chaque semestre.	Chaque année.
1	1048. 064	1047. 500	26	3389. 094	3341. 988
2	1098. 438	1097. 256	27	3551. 987	3500. 732
3	1151. 234	1149. 376	28	3722. 710	3667. 017
4	1206. 567	1203. 971	29	3901. 639	3841. 200
5	1264. 559	1261. 160	30	4089. 167	4023. 657
6	1325. 339	1321. 065	31	4285. 709	4214. 781
7	1389. 040	1383. 816	32	4491. 698	4414. 983
8	1455. 803	1449. 547	33	4707. 587	4624. 694
9	1525. 775	1518. 400	34	4933. 853	4844. 367
10	1599. 110	1590. 524	35	5170. 994	5074. 475
11	1675. 970	1666. 074	36	5419. 533	5315. 512
12	1756. 523	1745. 213	37	5680. 018	5568. 000
13	1840. 949	1828. 110	38	5953. 022	5832. 479
14	1929. 433	1914. 946	39	6239. 149	6109. 522
15	2022. 169	2005. 906	40	6539. 026	6399. 724
16	2119. 363	2101. 186	41	6853. 320	6703. 711
17	2221. 228	2200. 992	42	7182. 718	7022. 138
18	2327. 989	2305. 540	43	7527. 949	7355. 689
19	2429. 882	2415. 053	44	7889. 773	7705. 084
20	2557. 152	2529. 768	45	8268. 987	8071. 076
21	2680. 059	2649. 932	46	8666. 428	8454. 452
22	2808. 874	2775. 803	47	9082. 972	8856. 038
23	2943. 880	2907. 654	48	9519. 537	9276. 700
24	3085. 375	3045. 768	49	9977. 084	9717. 343
25	3233. 670	3190. 442	50	10456. 623	10178. 917

USAGE DE LA TABLE CI-CONTRE.

Cette table donne le montant d'un capital de 1000 fr. augmenté des intérêts composés, au taux de 5 p. 100 par an, depuis 1 jusqu'à 50 ans.

Elle est en deux parties : Dans la première, les intérêts sont capitalisés chaque semestre ; dans la seconde, ils sont capitalisés chaque année.

Premier exemple.

Quelle somme produira, après 33 ans, un capital de 5,000 fr. ; les intérêts, au taux de 5 p. 100 par an, étant capitalisés chaque semestre ?

Prenez, dans la colonne des intérêts capitalisés chaque semestre, le nombre qui est vis-à-vis 33 années ; vous trouverez 5,102 fr. 107 millièmes pour 1000 fr. ; multipliez cette somme par 5, vous aurez pour produit 25,512 fr. 4 c.

Deuxième exemple.

Quelle somme produira, après 33 ans, un capital de 5,000 fr. ; les intérêts, au taux de 5 p. 100, étant capitalisés chaque année ?

Prenez, dans la colonne des intérêts capitalisés chaque année, le nombre qui correspond à 33 années ; vous trouverez 5,003 fr. 188 millièmes pour 1000 fr. ; multipliez cette somme par 5, vous aurez pour produit 25.015 fr. 94 c.

5e TABLE D'INTÉRÊTS COMPOSÉS :

Intérêts à 5 pour 100.

INTÉRÊTS COMPOSÉS D'UN CAPITAL DE 1,000 FRANCS.

NOMBRE d'années écoulées	LES INTÉRÊTS ÉTANT CAPITALISÉS.		NOMBRE d'années écoulées	LES INTÉRÊTS ÉTANT CAPITALISÉS.	
	Chaque semestre.	Chaque année.		Chaque semestre.	Chaque année.
1	1050. 625	1050. 000	26	3511. 112	3555. 673
2	1103. 813	1102. 500	27	3793. 925	3733. 456
3	1159. 693	1157. 625	28	3985. 992	3920. 129
4	1218. 403	1215. 506	29	4187. 783	4116. 136
5	1280. 085	1276. 282	30	4399. 790	4321. 942
6	1344. 889	1340. 096	31	4622. 529	4538. 039
7	1412. 974	1407. 100	32	4856. 545	4764. 941
8	1484. 506	1477. 455	33	5102. 407	5003. 188
9	1559. 659	1551. 328	34	5360. 717	5253. 348
10	1638. 616	1628. 895	35	5632. 103	5516. 015
11	1721. 571	1710. 339	36	5917. 228	5791. 816
12	1808. 726	1795. 856	37	6216. 788	6081. 407
13	1900. 293	1885. 649	38	6531. 513	6385. 477
14	1996. 495	1979. 932	39	6862. 170	6704. 751
15	2097. 568	2078. 928	40	7209. 568	7039. 989
16	2203. 769	2182. 875	41	7574. 552	7391. 988
17	2315. 322	2292. 018	42	7958. 014	7761. 587
18	2432. 535	2406. 619	43	8360. 888	8149. 667
19	2555. 682	2526. 950	44	8784. 158	8557. 150
20	2685. 064	2653. 298	45	9228. 856	8985. 008
21	2820. 995	2785. 963	46	9696. 067	9434. 258
22	2963. 808	2925. 261	47	10186. 930	9905. 971
23	3113. 851	3074. 524	48	10702. 644	10401. 270
24	3271. 490	3225. 100	49	11244. 465	10921. 333
25	3437. 109	3386. 355	50	11813. 716	11467. 400

CHAPITRE IV.

Ce chapitre comprend cinq tables pour calculer aisément, à divers taux d'intérêts, les amortissements.

La première est calculée au taux de 4   p. 100.
La deuxième   id.   4 1/4 p. 100.
La troisième   id.   4 1/2 p. 100.
La quatrième   id.   4 3/4 p. 100.
La cinquième   id.   5   p. 100.

Calculer des amortissements : c'est calculer les sommes qu'on a acquittées, les intérêts compris, après avoir fait des versements d'annuités.

Les tables d'amortissements combinées avec celles des intérêts composés, qui forment le chapitre 3, sont d'une très-grande utilité à tout emprunteur qui veut connaître sa position envers la société ; soit après avoir fait des versements d'annuités ou des paiements d'à-compte par anticipation ; soit dans le cas où il voudrait effectuer, par anticipation, des paiements pour solde.

USAGE DE LA TABLE CI-CONTRE.

Cette table sert à calculer les sommes qu'on a acquittées (les intérêts compris, au taux de 4 pour 100 par an), après avoir payé un certain nombre d'annuités.

Elle est en deux parties : l'une donne le montant des sommes acquittées par des annuités de 100 fr. payées par semestre; l'autre donne également le montant des sommes acquittées par des annuités de 100 fr., mais payées par année.

Premier exemple.

On demande quelle somme on a acquittée après avoir payé, par semestre, 20 annuités de 500 fr.

Prenez, dans la colonne des annuités payées par semestre, le nombre qui correspond à 20 annuités : vous trouverez 3,020 fr. 0991, qui, multipliés par 5, donneront pour total 15,100 fr. 50.

Deuxième exemple.

On demande quelle somme on a acquittée après avoir payé, par année, 20 annuités de 500 fr.

Prenez, dans la colonne des annuités payées, par année, le nombre qui correspond à 20 annuités payées, vous trouverez 2,977 fr. 8078, qui, multipliés par 5, donneront pour total 14,889 fr. 04 c.

1re TABLE D'AMORTISSEMENT :
Intérêts à 4 pour 100.

AMORTISSEMENTS, PAR ANNUITÉS DE 100 FRANCS.

NOMBRE d'annuités payées.	ANNUITÉS PAYÉES : Par semestre.	Par année.	NOMBRE d'annuités payées.	ANNUITÉS PAYÉES Par semestre.	Par année.
1	101. 0000	100. 0000	26	4500. 8204	4431. 1745
2	206. 0804	204. 0000	27	4783. 6535	4708. 4214
3	315. 4060	312. 1600	28	5077. 9131	4996. 7583
4	429. 1485	424. 6464	29	5384. 0608	5296. 6286
5	547. 4860	541. 6322	30	5702. 5769	5608. 4938
6	670. 6045	663. 2975	31	6033. 9610	5932. 8335
7	798. 6719	789. 8295	32	6378. 7330	6270. 1468
8	931. 9642	921. 4226	33	6737. 4338	6620. 9527
9	1070. 6156	1058. 2795	34	7110. 6261	6985. 7908
10	1214. 8685	1200. 6107	35	7498. 8954	7365. 2225
11	1364. 9492	1348. 6351	36	7902. 8508	7759. 8314
12	1521. 0931	1502. 5805	37	8323. 1260	8170. 2246
13	1683. 5453	1662. 6838	38	8760. 3803	8597. 0336
14	1852. 5605	1829. 1911	39	9215. 2996	9040. 9150
15	2028. 4040	2002. 3588	40	9688. 5977	9502. 5515
16	2211. 3515	2182. 4531	41	10181. 0170	9982. 6536
17	2401. 6901	2369. 7512	42	10693. 3301	10481. 9597
18	2599. 7183	2564. 5413	43	11226. 3406	11001. 2381
19	2805. 7470	2767. 1229	44	11780. 8848	11541. 2876
20	3020. 0991	2977. 8078	45	12357. 8325	12102. 9391
21	3243. 1111	3196. 9202	46	12958. 0890	12687. 0566
22	3475. 1328	3424. 7970	47	13582. 5957	13294. 5389
23	3716. 5282	3661. 7888	48	14232. 3326	13926. 3205
24	3967. 6759	3908. 2604	49	14908. 3188	14583. 3733
25	4228. 9700	4164. 5905	50	15611. 6149	15266. 7082

USAGE DE LA TABLE CI-CONTRE.

Cette table sert à calculer les sommes qu'on a acquittées (les intérêts compris, au taux de 4 1/4 pour 100 par an), après avoir payé un certain nombre d'annuités.

Elle est en deux parties : l'une donne le montant des sommes acquittées par des annuités de 100 fr. payées par moitié et par semestre ; l'autre donne également le montant des sommes acquittées, par des annuités, de 100 fr., mais payées par année.

Premier exemple.

On demande quelle somme on a acquittée après avoir payé, par semestre, 45 annuités de 1,000 fr.

Prenez, dans la colonne des annuités payées par semestre, le nombre correspondant à 45 annuités payées, vous trouverez 13,260 fr. 4531 dix-millièmes qui, multipliés par 10, donneront pour total 132,604 fr. 53 c.

Deuxième exemple.

Ou demande quelle somme on a acquittée après avoir payé, par année, 45 annuités de 1,000 fr.

Prenez, dans la colonne des annuités payées par année, le nombre qui est vis-à-vis 45, vous trouverez 12959 fr. 1297 dix-millièmes qui, multipliés par 10, donneront pour total 129,591 fr. 30 c.

2ᵉ TABLE D'AMORTISSEMENT :
Intérêts à 4 1/4 pour 100.

AMORTISSEMENTS, PAR ANNUITÉS DE 100 FRANCS.

NOMBRE d'annuités payées.	ANNUITÉS PAYÉES		NOMBRE d'annuités payées.	ANNUITÉS PAYÉES	
	Par semestre.	Par année.		Par semestre.	Par année.
1	101. 0625	100. 0000	26	4669. 3476	4590. 7233
2	206. 4660	204. 2500	27	4970. 9659	4885. 8290
3	316. 3963	312. 9306	28	5285. 5391	5193. 4767
4	431. 0485	426. 2302	29	5613. 6238	5514. 1995
5	550. 6252	544. 3450	30	5955. 8002	5848. 5530
6	675. 3380	667. 4796	31	6312. 6736	6197. 1164
7	805. 4073	795. 8475	32	6684. 8753	6560. 4939
8	941. 0633	929. 6710	33	7073. 0636	6939. 3149
9	1082. 5459	1069. 1820	34	7477. 9253	7334. 2357
10	1230. 1055	1214. 6223	35	7900. 1763	7745. 9408
11	1384. 0029	1366. 2437	36	8340. 5638	8175. 4433
12	1544. 5105	1524. 3091	37	8799. 8665	8622. 5868
13	1711. 9121	1689. 0922	38	9278. 8970	9089. 0467
14	1886. 5039	1860. 8787	39	9778. 5026	9575. 3312
15	2068. 5947	2039. 9660	40	10299. 5671	10082. 2828
16	2258. 5066	2226. 6646	41	10843. 0121	10610. 7798
17	2456. 5755	2421. 2978	42	11409. 7989	11161. 7380
18	2663. 1517	2624. 2030	43	12000. 9301	11736. 1118
19	2878. 6008	2835. 7316	44	12617. 4513	12334. 8966
20	3103. 3036	3056. 2502	45	13260. 4531	12959. 1297
21	3337. 6579	3286. 1408	46	13931. 0727	13609. 8927
22	3582. 0780	3525. 8018	47	14630. 4966	14288. 3131
23	3836. 9964	3775. 6484	48	15359. 9618	14995. 5664
24	4102. 8638	4036. 1134	49	16120. 7583	15732. 8780
25	4380. 1508	4307. 6482	50	16914. 2329	16501. 5253

USAGE DE LA TABLE CI-CONTRE.

Cette table sert à calculer les sommes qu'on a acquittées (les intérêts compris au taux de 4 1/2 p. 100 par an), après avoir payé un certain nombre d'annuités.

Elle est en deux parties : la première donne le montant des sommes acquittées par des annuités de 100 fr. payées par moitié et par semestre ; la seconde donne également le montant des sommes acquittées par des annuités de 100 fr., mais payées par année.

Premier exemple.

On demande quelle somme on a acquittée, après avoir payé, par semestre, 15 annuités de 300 fr.

Prenez, dans la colonne des annuités payées par semestre, le chiffre qui est vis-à-vis le nombre d'annuités payées et qui est 15, vous trouverez 2,109 fr. 7632 dix-millièmes qui, multipliés par 3, donneront pour total 6,329 fr. 29 c.

Deuxième exemple.

On demande quelle somme on a acquittée, après avoir payé, par année, 15 annuités de 300 fr.

Prenez, dans la colonne des annuités payées par année, le chiffre qui correspond au nombre de 15, vous trouverez 2078 fr. 4054 dix-millièmes qui, multipliés par 3, donneront pour total 6,235 fr. 22 c.

3e TABLE D'AMORTISSEMENT :
Intérêts à 4 1/2 pour 100.

AMORTISSEMENTS, PAR ANNUITÉS DE 100 FRANCS.

NOMBRE d'annuités payées.	ANNUITÉS PAYÉES :		NOMBRE d'annuités payées.	ANNUITÉS PAYÉES	
	Par semestre.	Par année.		Par semestre.	Par année.
1	101. 1250	100. 0000	26	4845. 5077	4757. 0644
2	206. 8518	204. 5000	27	5167. 1336	5071. 1323
3	317. 3899	313. 7025	28	5503. 3955	5399. 3333
4	432. 9581	427. 8191	29	5854. 9594	5742. 3033
5	553. 7854	547. 0710	30	6222. 5216	6100. 7070
6	680. 1141	671. 6892	31	6606. 8102	6475. 2388
7	812. 1854	801. 9152	32	7008. 5864	6866. 6245
8	950. 2699	938. 0014	33	7428. 6459	7275. 6226
9	1094. 6331	1080. 2114	34	7867. 8207	7703. 0256
10	1245. 5760	1228. 8210	35	8326. 9807	8149. 6618
11	1403. 3825	1384. 1179	36	8807. 0353	8616. 3966
12	1568. 3702	1546. 4032	37	9308. 9355	9104. 1344
13	1740. 8658	1715. 9913	38	9833. 6752	9613. 8204
14	1921. 2111	1893. 2109	39	10382. 2939	10146. 4424
15	2109. 7632	2078. 4054	40	10955. 8781	10703. 0323
16	2264. 5589	2271. 9336	41	11555. 5641	11284. 6687
17	2512. 9987	2474. 1707	42	12182. 5395	11892. 4788
18	2728. 4809	2685. 5084	43	12838. 0461	12527. 6403
19	2953. 7688	2906. 3562	44	13523. 3825	13191. 3842
20	3189. 3088	3137. 1422	45	14239. 9059	13884. 9964
21	3435. 5672	3378. 3136	46	14989. 0356	14609. 8213
22	3693. 0320	3630. 3378	47	15772. 2554	15367. 2633
23	3962. 2131	3893. 7030	48	16591. 1166	16158. 7902
24	4243. 6435	4168. 9196	49	17447. 2411	16985. 9357
25	4537. 8808	4456. 5210	50	18342. 3246	17850. 3028

USAGE DE LA TABLE CI-CONTRE.

Cette table sert à calculer les sommes qu'on a acquittées (les intérêts compris au taux de 4 3/4 p. 100 par an), après avoir payé un certain nombre d'annuités.

Elle est en deux parties : la première donne le montant des sommes acquittées par des annuités de 100 fr. payées par moitié et par semestre ; la seconde donne également le montant des sommes acquittées par des annuités de 100 fr., mais payées par année.

Premier exemple.

On demande quelle somme on a acquittée, après avoir payé, par semestre, 43 annuités de 4,000 fr.

Prenez, dans la colonne des annuités payées par semestre, le nombre qui est vis-à-vis 43, vous trouverez 13,743 fr. 0501 dix-millièmes qui, multipliés par 40, donneront pour total 549,722 fr.

Deuxième exemple.

On demande quelle somme on a acquittée, après avoir payé, par année, 43 annuités de 4,000 fr.

Prenez, dans la colonne des annuités payées par année, le nombre qui correspond à 43, vous trouverez 13,380 fr. 3979 dix-millièmes qui, multipliés par 40, donneront pour total 535,215 fr. 92 c.

4e TABLE D'AMORTISSEMENT :
Intérêts à 4 3/4 pour 100.

AMORTISSEMENTS, PAR ANNUITÉS DE 100 FRANCS.

NOMBRE d'annuités payées.	ANNUITÉS PAYÉES :		NOMBRE d'annuités payées.	ANNUITÉS PAYÉES :	
	Par semestre.	Par année.		Par semestre.	Par année.
1	101. 1875	100.	26	5029. 6707	4930. 5000
2	207. 2385	204. 7500	27	5372. 6046	5264. 6988
3	318. 3867	314. 4756	28	5732. 0213	5614. 7720
4	434. 8772	429. 4132	29	6108. 7130	5981. 4736
5	556. 9666	549. 8103	30	6503. 5101	6365. 5936
6	684. 9242	675. 9263	31	6917. 2826	6767. 9593
7	819. 0320	808. 0328	32	7350. 9428	7189. 4373
8	959. 5855	946. 4144	33	7805. 4465	7630. 9357
9	1106. 8945	1091. 3691	34	8281. 7954	8093. 4051
10	1261. 2838	1243. 2091	35	8781. 0397	8577. 8418
11	1423. 0938	1402. 2615	36	9304. 2796	9085. 2893
12	1592. 6809	1568. 8690	37	9852. 6686	9616. 8406
13	1770. 4191	1743. 3902	38	10427. 4154	10173. 6405
14	1956. 7002	1926. 2013	39	11029. 7868	10756. 8884
15	2151. 9346	2117. 6958	40	11661. 1107	11367. 8406
16	2356. 5528	2318. 2864	41	12322. 7785	12007. 8130
17	2571. 0058	2528. 4050	42	13016. 2488	12678. 1841
18	2795. 7663	2748. 5042	43	13743. 0501	13380. 3979
19	3031. 3297	2979. 0582	44	14504. 7844	14115. 9667
20	3278. 2152	3220. 5635	45	15303. 1308	14886. 4751
21	3536. 9671	3473. 5402	46	16139. 8489	15693. 5826
22	3808. 1556	3738. 5334	47	17016. 7831	16539. 0278
23	4092. 3785	4016. 1137	48	17935. 8664	17424. 6316
24	4390. 2623	4306. 8791	49	18899. 1245	18332. 3016
25	4702. 4637	4611. 4559	50	19908. 6807	19324. 0360

USAGE DE LA TABLE CI-CONTRE.

Cette table sert à calculer les sommes qu'on a acquittées (les intérêts compris au taux de 5 p. 100 par an), après avoir payé un certain nombre d'annuités.

Elle est en deux parties : la première donne le montant des sommes qu'on a acquittées par des annuités de 100 fr. payées par moitié et par semestre, la seconde donne également le montant des sommes acquittées par des annuités de 100 fr., mais payées par année.

Premier exemple.

On demande quelle somme on a acquittée après avoir payé, par semestre, 14 annuités de 1,500 fr.

Prenez, dans la colonne des annuités à payer par semestre, le nombre qui est vis-à-vis 14, vous trouverez 1,992 fr. 99 c. qui, multipliés par 15, donneront pour total 29,894 fr. 85 c.

Deuxième exemple.

On demande quelle somme on a acquittée après avoir payé, par année, 14 annuités de 1,500 fr.

Prenez, dans la colonne des annuités à payer par année, le nombre qui correspond à 14, vous trouverez 1959 fr. 8632 dix-millièmes qui, multipliés par 15, donneront pour total 29,397 fr. 95 c.

5ᵉ TABLE D'AMORTISSEMENT :
Intérêts à 5 pour 100.

AMORTISSEMENTS, PAR ANNUITÉS DE 100 FRANCS.

NOMBRE d'annuités payées.	ANNUITÉS PAYÉES :		NOMBRE d'annuités payées.	ANNUITÉS PAYÉES :	
	Par semestre.	Par année		Par semestre.	Par année.
1	101. 2500	100.	26	5222. 2246	5111. 3453
2	207. 6258	205.	27	5587. 8498	5466. 9125
3	319. 3868	315. 2500	28	5971. 1985	5840. 2581
4	436. 8058	431. 0125	29	6375. 5664	6232. 2711
5	560. 1691	552. 5631	30	6799. 5794	6643. 8846
6	689. 7776	680. 1913	31	7245. 0581	7076. 0789
7	825. 9476	814. 2008	32	7713. 0892	7529. 8828
8	969. 0112	954. 9109	33	8204. 8144	8006. 3769
9	1119. 3174	1102. 6564	34	8721. 4331	8506. 6958
10	1277. 2329	1257. 7893	35	9264. 2056	9032. 0306
11	1443. 1428	1420. 6787	36	9834. 4560	9583. 6321
12	1617. 4519	1591. 7126	37	10433. 5754	10162. 8137
13	1800. 5854	1771. 2983	38	11063. 0251	10770. 9544
14	1992. 9900	1959. 8632	39	11724. 3408	11409. 5021
15	2195. 1351	2157. 8564	40	12419. 1335	12079. 9772
16	2407. 5138	2365. 7492	41	13149. 1043	12783. 9760
17	2630. 6442	2584. 0366	42	13916. 0277	13523. 1749
18	2865. 0706	2813. 2385	43	14721. 7766	14299. 3336
19	3111. 3648	3053. 9004	44	15568. 3165	15114. 3003
20	3370. 1276	3306. 5954	45	16457. 7125	15970. 0153
21	3641. 9904	3571. 9252	46	17392. 1342	16868. 5161
22	3927. 6161	3850. 5213	47	18373. 8610	17811. 9419
23	4227. 7017	4143. 0474	48	19405. 2877	18802. 5390
24	4542. 9791	4450. 1998	49	20488. 9304	19842. 6659
25	4874. 2174	4772. 7097	50	21627. 4325	20934. 7992

CHAPITRE V.

Table d'intérêts. — Table d'escomptes.

On appelle intérêt d'une somme, le bénéfice résultant du prêt que l'on fait de cette somme pendant un certain temps; la somme placée se nomme capital.

L'escompte est une retenue faite sur le montant d'un capital qui est payé avant son échéance.

Il est évident que la somme payée d'avance, réunie à son intérêt pendant le temps à courir entre le paiement et l'échéance, doit produire le capital. Ainsi, en supposant l'intérêt à 4 fr. 50 c. pour 100 par an, la retenue doit être de 4 fr. 50 c. pour 104 fr. 50 c. ; c'est sur cette base que la table d'escomptes a été calculée.

Toutefois, cette manière d'escompter n'est pas celle qu'emploient les banquiers et les commerçants. Ils escomptent à tant pour 100 par an, c'est-à-dire qu'ils calculent les retenues à faire, pour escomptes, comme on calcule les intérêts.

Dans ce cas, on se servira de la table d'intérêts qui se trouve ci-après.

USAGE DE LA TABLE CI-CONTRE.

Cette table donne les intérêts, par jours et par mois, d'un capital de 100 fr. aux taux de 4, 4 1/4, 4 1/2, 4 3/4 et 5 pour 100 par an. Il sera donc facile, au moyen de cette table, de calculer l'intérêt d'une somme quelconque, depuis 1 jusqu'à 365 jours ou un an.

Exemple :

On demande l'intérêt de 50,000 fr. pour 5 mois et 10 jours, au taux de 4 fr. 50 c. pour 100 par an ?

Prenez, dans la colonne des intérêts au taux de 4 fr. 50 c. le chiffre qui correspond à 5 mois, vous trouverez. 1 8750

Prenez, dans la même colonne, le chiffre qui est vis-à-vis 10 jours, et qui est de. 0 1233

faites l'addition ; ce qui vous donnera pour l'intérêt de 100 fr. 1 9983

pendant 5 mois et 10 jours, 1 fr. 9983 dix-millièmes, qui, multipliés par 50,000 et divisés par 100, donneront pour résultat 999 fr. 15 c. Ainsi, l'intérêt demandé est de 999 fr. 15 c.

Règle générale.

Il faut prendre, dans la table, l'intérêt au taux et pour le temps proposés, puis le multiplier par le capital ; ensuite on divise le produit par 100 en reculant la virgule de deux chiffres vers la gauche.

TABLE D'INTÉRÊTS.

NOMBRE de jours ou de mois.	INTÉRÊTS :				
	à 4 p. 100.	à 4 25 p. 100.	à 4 50 p. 100.	à 4 75 p. 100.	à 5 p. 100.
1 jour.	0. 0110	0. 0116	0. 0123	0. 0130	0. 0137
2 »	0. 0219	0. 0233	0. 0247	0. 0260	0. 0274
3 »	0. 0329	0. 0349	0. 0370	0. 0390	0. 0411
4 »	0. 0438	0. 0466	0. 0493	0. 0520	0. 0548
5 »	0. 0548	0. 0582	0. 0616	0. 0651	0. 0685
6 »	0. 0658	0. 0699	0. 0740	0. 0781	0. 0822
7 »	0. 0767	0. 0815	0. 0863	0. 0911	0. 0959
8 »	0. 0877	0. 0932	0. 0986	0. 1041	0. 1096
9 »	0. 0986	0. 1048	0. 1110	0. 1171	0. 1233
10 »	0. 1096	0. 1164	0. 1233	0. 1301	0. 1370
20 »	0. 2192	0. 2329	0. 2466	0. 2603	0. 2740
30 »	0. 3288	0. 3493	0. 3699	0. 3904	0. 4110
1 mois.	0. 3333	0. 3542	0. 3750	0. 3958	0. 4166
2 »	0. 6666	0. 7083	0. 7500	0. 7917	0. 8333
3 »	1. 0000	1. 0625	1. 1250	1. 1875	1. 2500
4 »	1. 3333	1. 4167	1. 5000	1. 5833	1. 6666
5 »	1. 6666	1. 7708	1. 8750	1. 9792	2. 0833
6 »	2. 0000	2. 1250	2. 2500	2. 3750	2. 5000
7 »	2. 3333	2. 4792	2. 6250	2. 7708	2. 9166
8 »	2. 6666	2. 8333	3. 0000	3. 1667	3. 3333
9 »	3. 0000	3. 1875	3. 3750	3. 5625	3. 7500
10 »	3. 3333	3. 5417	3. 7500	3. 9583	4. 1666
11 »	3. 6666	3. 8958	4. 1250	4. 3542	4. 5833
12 »	4. 0000	4. 2500	4. 5000	4. 7500	5. 0000

USAGE DE LA TABLE CI-CONTRE.

Cette table donne l'escompte, par mois et demi-mois d'un capital de 100 fr., aux taux de 4 pour 104 ; 4 fr. 25 c. pour 104 25 ; 4 50 pour 104 50 ; 4 fr. 75 pour 104 75 ; et 5 pour 105 par an. On trouvera donc facilement, au moyen de cette table, l'escompte d'une somme depuis 1/2 jusqu'à 12 mois ou 1 an.

Exemple :

On demande l'escompte de 50,000 fr., pour 5 mois et demi, au taux de 4 fr. 50 c. pour 104 fr. 50 c. par an ?

Prenez, dans la colonne des escomptes au taux de 4 fr. 50 c., le chiffre qui correspond à 5 mois 1/2 ; vous trouverez 2 fr. 0208, ce sera l'escompte de 100 fr. pour 5 mois 1/2.

Multipliez cet escompte par 50,000, et divisez le produit par 100, vous aurez pour résultat 1010 fr. 40 c. Ainsi, l'escompte demandé est de 1010 fr. 40 c.

Règle générale.

Prenez, dans la table, l'escompte au taux et pour le temps proposés, multipliez-le par le capital et divisez le produit par 100 en reculant la virgule de deux chiffres vers la gauche.

NOTA. La table ci-contre ne peut servir qu'à calculer l'escompte d'un capital quelconque, pour les espaces de temps qui y sont désignés. Voir ci-après, page 78, la manière de calculer l'escompte pour les espaces de temps non désignés en cette table.

TABLE D'ESCOMPTES.

NOMBRE de mois.	ESCOMPTES :				
	à 4 p. 104 par an.	à 4 25 p. 104 25 par an.	à 4 50 p. 104 50 par an.	à 4 75 p. 104 75 par an.	à 5 p. 105 par an.
» 1/2	0. 1663	0. 1768	0. 1871	0. 1975	0. 2078
1 »	0. 3322	0. 3530	0. 3736	0. 3942	0. 4149
1 1/2	0. 4975	0. 5285	0. 5594	0. 5902	0. 6211
2 »	0. 6622	0. 7033	0. 7444	0. 7855	0. 8264
2 1/2	0. 8264	0. 8776	0. 9288	0. 9799	1. 0309
3 »	0. 9901	1. 0513	1. 1125	1. 1735	1. 2346
3 1/2	1. 1532	1. 2244	1. 2955	1. 3665	1. 4373
4 »	1. 3157	1. 3969	1. 4778	1. 5586	1. 6393
4 1/2	1. 4778	1. 5688	1. 6595	1. 7500	1. 8405
5 »	1. 6393	1. 7400	1. 8405	1. 9408	2. 0408
5 1/2	1. 8003	1. 9107	2. 0208	2. 1307	2. 2403
6 »	1. 9608	2. 0808	2. 2005	2. 3199	2. 4390
6 1/2	2. 1207	2. 2503	2. 3795	2. 5083	2. 6369
7 »	2. 2801	2. 4192	2. 5578	2. 6961	2. 8340
7 1/2	2. 4390	2. 5876	2. 7355	2. 8831	3. 0303
8 »	2. 5974	2. 7553	2. 9126	3. 0695	3. 2258
8 1/2	2. 7553	2. 9224	3. 0890	3. 2551	3. 4205
9 »	2. 9126	3. 0890	3. 2648	3. 4400	3. 6145
9 1/2	3. 0695	3. 2551	3. 4400	3. 6244	3. 8076
10 »	3. 2258	3. 4206	3. 6145	3. 8076	4. 0000
10 1/2	3. 3816	3. 5855	3. 7883	3. 9903	4. 1916
11 »	3. 5370	3. 7497	3. 9616	4. 1725	4. 3825
11 1/2	3. 6918	3. 9135	4. 1342	4. 3539	4. 5726
12 »	3. 8462	4. 0767	4. 3062	4. 5346	4. 7619

Méthode pour calculer l'escompte d'un capital quelconque pour un temps quel qu'il soit et non désigné dans la table d'escomptes.

Règle générale.

On multiplie le capital par l'intérêt de 100 fr. calculé au taux et pour le temps proposés, puis on divise le produit par 100 fr. augmenté de son intérêt au même taux et pour le même temps.

Exemple.

On demande l'escompte de 10,000 fr. pour 4 mois et 9 jours, au taux de 4 fr. 50 c. pour 104 fr. 50 c. par an ?

Prenez, dans la table d'intérêts page 75, et dans la colonne intitulée à 4 fr. 50 c. pour 100, l'intérêt pour 4 mois et 9 jours : vous trouverez pour 4 mois . . . . 1 fr. 5000
puis, pour 9 jours . . . . 0 . 1110

Total . . . . 1 . 6110 dix-millièmes que vous multiplierez par le capital qui est dans cet exemple de 10,000 fr.; vous aurez pour produit 16110 qu'il faudra diviser par 100 fr. augmenté de son intérêt au même taux et pendant le même temps, soit 101 fr. 6110 ; effectuant les calculs, on trouvera 158 fr. 55 c. pour l'escompte demandé.

Cet exemple suffit pour faire comprendre la manière de trouver l'escompte d'un capital quelconque, pour tous les espaces de temps qui peuvent se présenter.

CHAPITRE VI.

Solutions de questions, relatives au crédit foncier.

J'ai dit, aux chapitres 3 et 4, que les tables d'intérêts composés, combinées avec celles d'amortissement, sont indispensables à tout emprunteur qui veut connaître sa position envers la société, soit après avoir fait des versements d'annuités ou des paiements d'à-compte par anticipation ; soit, dans le cas où il aurait l'intention d'effectuer, par anticipation, des paiements, pour solde : les exemples qui suivent suffiront pour faire comprendre la manière de résoudre toutes les questions qui peuvent se présenter.

Première question.

Une personne qui a emprunté, au taux de 4 fr. 50 c. pour 100 d'intérêt par an, la somme de 10,000 fr., pour se libérer en 50 années par un nombre égal d'annuités payables en deux fois, par moitié et par semestre, désire savoir quelle somme elle redevra après avoir payé 25 annuités ? Réponse 7,525 fr. 94 c.

Solution :

Le montant de l'annuité est de 504 fr. 52 c., voir la troisième table d'annuités au chapitre 2.

Le capital de 10,000 fr. augmenté des intérêts composés capitalisés par semestre, est, après 25 années de 30,420 fr. 46 c. (voir la troisième table d'intérêts composés, au chapitre 3).

On trouvera également, au moyen de la troisième table d'amortissement au chapitre 4 (1), qu'après avoir effectué le

---

(1) Prenez, dans la colonne des annuités payées par semestre, le chiffre qui est vis-à-vis le nombre d'annuités payées et qui est ici de 25 ; vous trouverez 4,537 fr. 8808 dix-millièmes acquittés par le paiement de 25 annuités de 100 fr.

Ensuite, multipliez cette somme de 4,537 fr. 8808 par le montant de l'annuité que vous payez, et qui est de 504 fr. 52 c. ; puis divisez le produit par 100, en reculant la virgule de deux chiffres vers la gauche, ce qui vous donnera la somme de 22,894 fr. 55 c. acquittée par le paiement de 25 annuités de 504 fr. 52 c.

paiement de 25 annuités par moitié et par semestre, on a acquitté la somme de 22,894 fr. 52 c. (intérêts composés compris) ; retranchant cette somme de celle de 30,420 fr. 46 c., il restera dû la somme de 7,525 fr. 94 c., qui se trouvera, elle-même, éteinte par le paiement de 25 autres annuités de 504 fr. 52 c.

Si l'on voulait se libérer entièrement, par anticipation, après 25 années, on voit qu'il faudrait payer la somme de 7,525 fr. 94 c.

Deuxième question.

Une personne qui a emprunté, au taux de 4 fr. 50 c. pour 100 d'intérêt par an, la somme de 25,000 fr. pour se libérer en 22 années par un nombre égal d'annuités payables en deux fois, par moitié et par semestre, étant décédée deux mois après avoir payé la dix-huitième annuité, on demande quel est le montant de sa dette au jour de son décès ? Réponse 6,578 fr. 51 c.

Solution.

Le montant de l'annuité est de 1,801 fr. 95 c. (voir la troisième table d'annuités, au chapitre 2).

Le capital de 25,000 fr. augmenté de ses intérêts composés, capitalisés par semestre au taux de 4 1/2 pour 100, est, après 18 ans de 55,695 fr. 40 c. (voir la troisième table d'intérêts composés, au chapitre 3).

On trouvera également, au moyen de la troisième table d'amortissement au chapitre 4, qu'après avoir effectué le paiement de 18 annuités, par moitié et par semestre, on a acquitté, intérêts composés compris, la somme de 49,165 fr. 85 c. ; retranchant cette somme de celle de 55,695 fr. 40 c., il reste la somme de 6,529 fr. 54 c. à laquelle il faut ajouter son intérêt, pour deux mois, au taux de 4 fr. 50 c. pour 100 par an, ou 0 fr. 75 c. pour 100 pour deux mois (voir la table d'intérêts page 75, ce qui fait la somme de 48 fr. 97 c. qui, ajoutée à celle de 6,529 f. 54 c., donne pour total dû au jour du décès, 6,578 f. 51 c.

Troisième question.

Un propriétaire ayant emprunté, au taux de 4 fr. 50 c. pour 100 d'intérêt par an, la somme de 15,600 fr. pour se libérer en 50 années, par un nombre égal d'annuités payables en deux fois, par moitié et par semestre, on demande, dans le cas où il voudrait se libérer par anticipation, quelle somme il devra payer, après avoir effectué le paiement de 36 annuités 1/2 ? Réponse : 7,898 fr. 56 c.

Solution.

Le montant de l'annuité est de 787 fr. 05 c.

Le capital de 15,600 augmenté de ses intérêts composés capitalisés, par semestre, est, après 36 années de la somme de 77,425 fr. 39 c. (voir la table d'intérêts composés, au taux de 4 fr. 50 pour 100) à laquelle il faut ajouter son intérêt pour six mois, à raison de 4 fr. 50 c. pour 100 par an ; soit 2 fr. 25 c. pour six mois, on trouvera 1,742 fr. 07 c. qui, ajoutés à la somme de 77,425 fr. 39 c., donneront pour total 79,167 f. 46 c.

Il serait donc dû, après trente-six ans 1/2, intérêts composés compris, la somme de 79,167 fr. 46 c.

On trouvera, au moyen de la troisième table d'amortissement, qu'après avoir payé, par semestre, 36 annuités de 787 fr. 05 c., on a acquitté, intérêts composés compris, la somme de 69,315 fr. 77 c., qui, étant augmentée de son intérêt pour six mois, et qui est de 1,559 fr. 60 c. donnera la somme de 70,875 fr. 37 c. à laquelle il faut ajouter 1/2 annuité payée, de 393 fr. 52 c.; on aura pour total la somme de 71,268 fr. 89 c. acquittée (les intérêts composés compris,) par le paiement de 36 annuités 1/2.

Retranchant de la somme de . . . . 79,167 fr. 46 c. due,
celle de 71,268   90 acquittée;

il reste 7,898   56 c. à payer
pour se libérer par anticipation.

Quatrième question.

On a emprunté, au taux de 4 fr. 50 pour 100 d'intérêt par an, la somme de 80,000 fr. pour se libérer en 40 années par un nombre égal d'annuités payables en deux fois, par moitié et par semestre ; puis on a effectué des à-compte par anticipation ; savoir : 1° 4,000 fr. en payant le dernier semestre de la cinquième annuité ; 2° 3,500 fr. en payant le dernier semestre de la huitième annuité ; 3° 7,000 fr. en payant le dernier semestre de la quinzième annuité ; et enfin 12,000 fr. en payant le dernier semestre de la vingt-cinquième annuité : on demande quelle somme devra-t-on payer pour se libérer entièrement en effectuant le paiement du dernier semestre de la vingt-sixième annuité ? Réponse 2,769 fr. 87 c.

Solution.

Le montant de l'annuité est de 4,330 fr. 20 c.

Le capital de 80,000 fr. augmenté des intérêts composés capitalisés par semestre, est, après 26 ans, de 254,438 fr. 24 c.

On trouvera, au moyen de la troisième table d'amortissement, qu'après avoir payé, par semestre, 26 annuités de 4,330 f.

4*

20 c., on a acquitté, intérêts composés compris, la somme
de. . . . . 209,820 fr. 27 c.

Puis, on trouvera avec la troisième table
d'intérêts composés :

1° Que 4,000 fr. produisent après 21 ans. 10,184 02
2° Que 3,500 » 11 » 7,797 36
3° Que 7,000 » 11 » 11,420 65
4° Que 12,000 » 1 » 12,546 37

Total. . . . 251,768 67

acquittés, intérêts composés compris, par le paiement des
26 annuités, et des à-compte sus-mentionnés.

Retranchons de la somme de. . 254,438 fr. 24 c. due ;
celle de. . . . . 251,768 37 acquittée ;

il restera. . . 2,769 57 c. à payer
pour se libérer entièrement.

Cinquième question.

Une personne qui a emprunté, au taux de 4 fr. 50 c. pour
100 par an, la somme de 7,000 francs, pour se libérer en cinquante années, par un nombre égal d'annuités (de 353 fr. 16 c.)
payables en deux fois, par moitié et par semestre, a payé
quinze annuités à leurs échéances semestrielles : en outre,
elle a effectué, par anticipation, à la fin de la quinzième année, le payement de dix annuités (3,531 fr. 60 c.) avec la con-
dition qu'elle sera dix ans sans payer ; on demande quelle
somme elle redevra après les dix années écoulées, c'est-à-
dire au bout de 25 ans à partir de la date de l'emprunt ? Réponse : 4,155 fr. 23 c.

Solution.

Le capital de 7,000 fr. augmenté de ses intérêts composés,
est, après 25 ans, de 21,294 fr. 32 c.

Les 15 annuités payées à leurs échéances ont produit en
amortissement après 15 ans, intérêts compris, 7,450 f. 84 c.

Si l'on ajoute à ce capital la somme de. . . 3,531 60

payée, par anticipation, à la dite époque, on aura 10,982 f. 44 c.
qui produiront après 10 ans, c'est-à-dire, après la vingt-cinquième année écoulée depuis l'emprunt, la somme de 17,139 f.
09 c.

Retranchant de la somme de. . . . . 21,294 fr. 32 c.
celle de. 17,139 09

il restera. . . . 4,155 23
à payer.

On trouvera de même qu'après avoir effectué le payement

de 17 autres annuités de 353 fr. 16 c., on aurait payé 20 fr. 74 c. de trop ; il faudra donc les déduire sur le dernier payement semestriel.

En effet, le capital de 4,155 fr. 23 c. produit après dix-sept ans, intérêts composés compris, la somme de 8,854 fr. 17 c.

Les dix-sept annuités de 353 fr. 16 c. payées à leurs échéances semestrielles produiront, les intérêts composés également compris, la somme de 8,874 fr. 91 c. Différence en plus, 20 fr. 74 c.

Nota. On voit, par cet exemple, qu'on a eu à payer un peu moins de 42 annuités, au lieu de 50 : cette différence vient de ce que les 10 annuités payées, par anticipation, ont produit des intérêts au profit de l'emprunteur.

Sixième question.

Le troisième paragraphe de l'art. 72 des statuts du Crédit foncier de France est ainsi conçu :

« Au moment du prêt, la compagnie retient sur le capital « l'intérêt applicable au temps à courir jusqu'à la première « échéance semestrielle. »

On demande quelle est, d'après cet énoncé, la retenue à faire sur une somme de 8,000 fr. prêtée cinq mois avant la première échéance semestrielle ; l'intérêt étant à 4 fr. 50 c. pour 100 par an ? Réponse : 147 fr. 24 c.

Solution.

Prenez, dans la table d'escompte et dans la colonne intitulée à 4 fr. 50 c. par an, le chiffre qui correspond à cinq mois, vous trouverez 1 fr. 8405 dix millièmes, que vous multiplierez par le capital de 8,000 fr. : divisez ensuite le produit par 100, en reculant la virgule de deux chiffres vers la gauche, vous aurez pour résultat 147 fr. 24 c.

Retranchant de la somme de. . . . . 8,000 f.
l'escompte ou retenue, qui est de. 147   24
                                                        ————————
on voit que l'emprunteur doit toucher. . . . . 7,852 f. 76 c.

On trouvera également que l'intérêt de 7,852 fr. 76 c. pour cinq mois, à raison de 4 fr. 50 c. pour 100 par an, est de 147 fr. 24 c., qui, réuni à la somme payée d'avance, produit le capital ; ce qui doit avoir lieu.

FIN

TABLE DES MATIÈRES.

	Pages.
Avertissement.	5
CHAPITRE I.—Du Crédit foncier.	7
Décret du 28 février 1852, sur les sociétés du Crédit foncier.	10
Décret du 28 mars 1852, qui autorise la constitution d'une société de Crédit foncier, pour le ressort de la Cour d'appel de Paris.	22
Extrait des statuts du Crédit foncier de France.	24
Formule d'une demande d'emprunt.	29
Convention passée entre le ministre de l'intérieur, de l'agriculture et du commerce, et la Banque foncière de Paris.	30
Rapport du ministre de l'intérieur, de l'agriculture et du commerce, à Sa Majesté l'Empereur.	32
Décret de Sa Majesté l'Empereur qui autorise la convention précitée.	35
CHAPITRE II.—Des annuités.	37
1re table d'annuités : Intérêts à 4 pour 100.	39
2e table d'annuités : Intérêts à 4 1/4 pour 100.	41
3e table d'annuités : Intérêts à 4 1/2 pour 100.	43
4e table d'annuités : Intérêts à 4 3/4 pour 100.	45
5e table d'annuités : Intérêts à 5 pour 100.	47
CHAPITRE III. — Des intérêts composés.	49
1re table d'intérêts composés : Intérêts à 4 pour 100.	51
2e table d'intérêts composés : Intérêts à 4 1/4 pour 100.	53
3e table d'intérêts composés : Intérêts à 4 1/2 pour 100.	55
4e table d'intérêts composés : Intérêts à 4 3/4 pour 100.	57
5e table d'intérêts composés : Intérêts à 5 pour 100.	59
CHAPITRE IV. — Des amortissements.	61
1re table d'amortissement : Intérêts à 4 pour 100.	63
2e table d'amortissement : Intérêts à 4 1/4 pour 100.	65
3e table d'amortissement : Intérêts à 4 1/2 pour 100.	67
4e table d'amortissement : Intérêts à 4 3/4 pour 100.	69
5e table d'amortissement : Intérêts à 5 pour 100.	71
CHAPITRE V. — Des intérêts et des escomptes.	73
Table d'intérêts à 4 fr., 4 fr. 25 c., 4 fr. 50 c., 4 fr. 75 c. et 5 fr. pour 100.	75
Table d'escomptes.	77
CHAPITRE VI et dernier. — Solutions de questions relatives au Crédit foncier.	79

FIN DE LA TABLE DES MATIÈRES.